영아 배변훈련 놀이 62가지

아가야 응가하자!

임미정 저

보육 현장 전문가가 알려 주는 배변 육아법

학지사

배변훈련, 영아와 양육자 간의 조화가 필요합니다.

영아의 배변훈련은 왜 중요할까요? 주 양육자인 부모와 조부모, 보육교사, 아이 돌보미 등 제2 양육자 모두 아이가 건강하고 행복하게 자라길 바랍니다. 아이에 따라 배변훈련 경험과 기간은 다릅니다. 아이와 양육자 간의 조화로운 배변훈련 경험은 이후 영아가 건강하고 행복한 생활을 할 수 있게 도와줍니다.

영아는 성장 과정에서 계속 변화하며, 일상에서 새로운 경험을 합니다. 이는 기존의 것에서 분리되는 것이며, 새로운 것으로 옮겨 간다는 전이의 개념을 포함하는 것입니다. 미국의 교육학자 밀러는 영아의 분리와 전이 경험을 구체적인 예를 들어 말하고 있습니다. '영아 자신의 하던 일 중단하고 외출하기' '다른 놀이로 전환하기' '부모와 헤어지기' '배변훈련하기' 등입니다. 특히 배변훈련은 영아 자신의 신체적인 능력에 해당합니다. 즉, 방광과 괄약근의 힘에 따라 적절한 시기에 대소변을 가리게 되는 과정이지요. 이때 영아는 정서적으로 많은 갈등을 겪게 됩니다.

분리와 전이는 영아에게 도전적인 과제이면서 발달 중에 겪게 되는 과정입니다. 영아는 배변훈련이라는 새로운 과업을 이뤄 나가는 데 넉넉한 시간이 필요합니다. 아이는 태어나자마자 기저귀와 만납니다. 이렇게 만난 기저귀는 밥을 먹을 때, 나들이를 갈 때, 잠을 잘 때도 함께 지냅니다. 쉬나 응가를 해 기저귀가 젖으면 뽀송 뽀송한 새것으로 바꿔 사용합니다. 이처럼 영아와 기저귀는 친구처럼 밀착해 일상을 함께합니다. 그러다가 생후 2년 정도가 되면 오랫동안 자신의 신체 일부를 감싸고 있던 기저귀를 벗습니다. 영아 스스로 변기에 배변하며, 생리적인 욕구를 해결하게 됩니다.

성공적인 배변훈련 경험은 성취감을 느끼게 합니다. 더불어 자율성과 자신감을 얻습니다. 이후 영아는 혼자서 손을 씻고, 옷을 입습니다. 가지고 놀던 놀잇감을 정돈하는 등의 일상생활을 잘 해낼 수 있는 심리적인 준비를 마칩니다. 하지만 영아와 양육자 간의 요구와 기대가 서로 조화를 이루지 못할 때, 즉 아이의 발달 정도를 간과하고 배변훈련을 강압적으로 하게 되면 부작용이 생깁니다.

배변훈련 시기가 되면 훈련을 돕는 주 양육자인 부모(제2 양육자)의 관심은 부쩍 높아집니다. '배변훈련 시작은 언제 하면 좋을까?' '방법은 어떻게 하지?' 하며, 육아 사이트를 검색하고, 산후조리원 동기나 주위의 이야기에 귀를 기울입니다. 배변훈련 준비에 개인 차이가 있듯이 훈련 과정에서 나타나는 아이의 반응은 제각각입니다. 칭찬과 격려의 말에 힘입어 몇 번 시도만으로 성공한 아이, 시작 후 한두 번 성공했지만 이후 강하게 거부하는 아이, 훈련을 마치고도 옷에 실수하기, 퇴행 현상 등이 나타납니다. 이때 부모는 놀라움과 기대, 긴장으로 영아와 맞서게 됩니다. 갈등과 실망으로 아이를 지켜봅니다. 다그치거나 야단을 치기도 합니다. '아이에게 너무 힘든 것을 요구하고 있는 것은 아닐까?'라고 고민하기도 합니다.

일상의 변화는 새로움을 느끼게도 하지만 예측하기 어려운 부분이 있습니다. 이는 영아에게 큰 부담이 아닐 수 없습니다. 이러한 경우 영아는 변기에 앉는 자체를 거부합니다. 불안과 갈등으로 짜증을 냅니다. 배변을 참다가 변비가 생겨 변을 보지 못해 끙끙대며 힘들어하기도 합니다. 부모(제2 양육자)로부터 비난과 꾸중을 듣는 것에 대한 두려움을 느낍니다. 공포심, 반항심, 적개심이 생기며, 이로 인해 난폭하고 공격적인 행동을 보입니다. 심한 수치심을 느껴 정서가 위축되거나 소극적인 행동을 보이는 경우도 있습니다. 이러한 점에서 영아가 겪는 분리와 전이의 여러 경험 중 배변훈련은 중요한 삶의 전환점이 될 수 있음을 간과해서는 안 됩니다. 배변훈련이 아이의 성격과 습관, 부모와의 신뢰감을 형성하는 데 아주 중요한 역할을 하기 때문입니다.

이 시기에 있는 영아는 신체적으로나 정서적으로 안정되지 않은 상태입니다. 배변훈련은 영아의 요구와 양육자의 기대가 서로 조화를 이룰 때 이상적으로 이루어질 수 있습니다. 양육자는 영아에 대한 이해와 배려가 있어야 합니다.

이 책은 배변 놀이를 통해 영아의 배변훈련에 도움을 주고자 했습니다. 배변훈련은 준비와 연습이 필요합니다. 실제 다양한 놀이를 자연스럽게 해 봄으로써 영아의 배변훈련을 도울 수 있게 하였습니다.

이 책을 쓰기까지 많은 분의 도움이 있었습니다. 먼저, 놀이에 즐겁게 참여한 우리 어린이집 미래 주역들입니다. 그리고 다양한 놀이 환경을 만들어 준 선생님과 자녀의 사진 활용에 흔쾌히 동의해 주신 슬기 어린이집 학부모님께 진심으로 감사드립니다. 끝으로, 부족한 원고를 독자의 입장에서 꼼꼼히 피드백해 주신 '꿈꾸는 만년필' 가족 여러분과 학지사 김준범 부장님께도 감사함을 전합니다.

2019년 12월
임 미 정

차
례

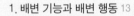

프롤로그 3

제1부 배변훈련 준비와 연습

제7장. 만 2세 영아의 배변훈련 놀이와 상호작용 11 195

에필로그 219

제1부

배변훈련
준비와 연습

제 **1** 장

배변 기능과 배변 행동을 알아보아요

1. 배변 기능과 배변 행동

배변(排배: 밀어내다, 便변: 똥오줌)은 자기 몸에 있는 찌꺼기를 몸 밖으로 내보내는 활동이다. 배변훈련이란 아이가 태어나서 기저귀에 '쉬'나 '응가' 하던 것을 스스로 배설 기관을 조절해 기저귀에 하지 않고, 변기에 할 수 있도록 억제하는 습관을 들이는 과정이다. 어른들은 대부분 배변훈련을 대수롭지 않게 느끼는 경향이 있다. 하지만 아이에게는 세상 빛을 보기 시작하면서부터 착용한 기저귀를 몸에서 떼 내는 활동이야말로 큰 사건이 아닐 수 없다. 배변훈련의 성공적 여부에 따라 아이의 인격 형성에 지대한 영향을 미친다는 것은 강조하지 않아도 될 만큼 무척 중요하다.

배변훈련은 주 양육자인 부모뿐 아니라 고모, 이모, 할머니, 어린이집 교사, 아이 돌보미 등 제2 양육자에게도 정보가 필요하다. 어린이집 교사들에게 정보를 주는 '윈 경영 플러스'에 영아의 배변 관련 기능과 특징이 소개되었다. 양육자는 영아 배변훈련을 시작하기 전에 이전 단계에서 나타나는 연령별 배변 기능과 행동 특징을 살펴볼 필요가 있다.

 영아 연령별 배변 기능

연령	배변 기능
6개월 미만	방광에 소변이 차면 반사적으로 배변하기 때문에 기저귀를 자주 갈아 주어야 한다. 차츰 소변보는 간격이 길어져 1~2시간 정도가 된다.
6~10개월	방광이 점차 커져서 어느 정도 소변을 참게 된다.
10~18개월	배변을 준비할 수 있는 시기로, 신경 및 뇌가 발달하여 방광의 감각을 느낄 수 있다.
18~24개월	아이의 배변 기능은 18개월부터 소변 간격이 두 시간 정도로 길어진다. 소변이 나오는 느낌을 지각하며, 24개월이 지나면 서서히 소변 마려운 것을 표현한다. 개인 차이가 있으나 배변훈련을 시작할 수 있는 적당한 시기다.
24~30개월	방광의 조절 능력이 발달해 어느 정도 소변을 참을 수 있으며, 스스로 소변을 보게 된다.
30~36개월	아이는 밤에도 소변을 참을 수 있을 정도의 통제 능력이 생긴다.

아이의 배변 기능은 점차적으로 발달한다. 이러한 기능이 제대로 발휘되려면 배변 관련 근육들이 튼튼해지고 잘 조절될 수 있어야 한다. 배변 기능이 발달하지 않은 상태에서 배변훈련을 시작하면 아이는 어려움을 느끼며 스트레스를 받게 된다. 이와 함께 배변훈련을 시작하기 전에 알아 두어야

할 것이 있다. 바로 아이 연령에 따른 행동의 특징이다.

🍼 생후 6개월 미만 영아의 배변 행동

생후 4개월부터는 배변하는 데 간격이 생긴다. 그러므로 이때부터는 아이가 배변하는 것에 관심을 더 가져야 한다. 기저귀는 적당한 간격으로 갈아 준다. 기저귀를 너무 자주 갈아 주면 아이가 지나치게 예민해지기 쉽다. 그렇다고 여러 번 쉬를 해서 기저귀가 무거워질 때까지 그냥 놔두라는 것은 아니다. 그렇게 되면 아이는 부모가 자신을 돌보지 않는 것으로 여겨 애착 문제가 발생할 수 있다.

🐻 생후 6~12개월 영아의 배변 행동

이 시기는 반사적으로 배변하는 단계에서 괄약근을 조절해서 배변하는 단계로 발달하게 된다. 배변 간격이 길어지고 배설할 때 얼굴 표정이나 눈빛이 달라진다. 그리고 배변하고 난 후 울거나 기분이 좋지 않은 반응을 보인다.

아이가 칭얼대거나 불쾌해할 때는,

"슬기야, '쉬' 했니? 슬기가 '응가'를 했구나. 기저귀가 젖어서 기분이 안 좋겠구나."

하고 아이의 기분을 읽어 주며 기저귀를 갈아 준다. 아이의 배변 간격을 세심하게 관찰하면서 상호작용하며 기저귀를 갈아 준다. 이때는 배변훈련을 변기에 직접 진행하지 않는다.

🌀 15개월 이전 영아의 배변 행동

15개월까지는 '응가'나 '쉬'가 자연스럽게 배출된다. 이러한 상황에서는 배변훈련을 시작할 수 없다. 15개월이 가까워지면 영아는 중요한 변화를 보이기 시작한다. 일반적으로 대변의 횟수가 줄어들고 변을 보는 시간이 일정해진다.

🍼 15~24개월 영아의 배변 행동

영아의 배변훈련이 비로소 가능해지는 시기다. 가정이 아닌 곳에서는 긴장하게 되며 심리적인 어려움을 겪는다. 기저귀를 차지 않고 놀다가도 변을 보려면 기저귀를 채워 달라고 한다. 곧 변이 나올 것 같은데도 하지 않고, 사람이 없는 곳에서 변을 보려 하는 모습도 보인다.

20개월 정도가 되면 소변을 가리게 되는데, 배변 의사 표현을 하기 전에 싸 버리는 경우가 종종 있다. 일반적으로 소변보다는 대변을 먼저 가린다고 소개된다.

아이는 기저귀에 배변하면 편안함을 느낀다. 이는 매우 자연스러운 일이다. 오랫동안 차 오던 기저귀를 뗀다는 것은 어렵고 힘든 분리의 경험이다. 아이가 칭얼대며 힘들어할 때 아이의 마음을 읽어 주는 따뜻하고 공감 어린 대화가 필요하다. 영아의 배변 기능과 행동 특징을 살피는 것 또한 배변훈련에 도움이 된다. 아이가 심리적으로 안정된 상태에서 배변훈련을 시작해 흥미롭게 진행될 수 있도록 부모(제2 양육자)의 진심 어린 공감과 지지가 있어야 한다.

2. 배변훈련, 언제 시작하면 좋을까요?

    어린이집에서는 신학기 신입 원아들이 적응하고 나면 다음 단계로 배변 훈련할 아이들을 체크한다. 훈련을 시작하기 전에 배변훈련 대상 아이들이 모인 반 담임 선생님과 아이 부모님과도 협의가 이루어진다. 이와 다르게 부모님께서 먼저 질문을 하시는 경우가 있다.

"우리 아이 배변훈련을 언제 시작하면 좋을까요?"

    영아는 태어나서 15~24개월 사이에 항문 주위의 괄약근이 발달한다. 이로 인해 아이는 항문을 죄었다 풀었다 하는 힘이 생긴다. 항문이 발달하는 것처럼 방광의 괄약 근육도 발달해야 한다. 아이가 엉덩이를 대고 변기에 앉으려면 대근육도 발달해야 한다. 이때가 되어야 대변훈련이 가능하다. 이보다 더 중요한 것은 심리적인 준비다. 즉, 아이의 신경 근육이 성숙하여 배설 욕구를 알아차리고 조절할 수 있는 시기여야 한다.

    배변훈련은 영아가 화장실에 가기 위해 용변의 욕구를 느끼고, 쉬나 응가를 언어로 표현하는 등의 준비가 되었을 때 시도하는 것이 바람직하다. 배변훈련 시기는 영아에 따라 개인차가 있다. 완성 기간(보통 2~3주 걸리지만 준비도에 따라 4~8주가 걸리는 경우도 있다.)도 다르다. 일반적으로 두 돌 전후인 생후 18~24개월에 시작하는 것이 좋다.

    아이의 행동과 방광 조절 능력을 체크해 준비가 되었으면 훈련을 시작한다. 다음 항목은 배변훈련이 필요한 시기를 보여 주는 징후다.

- 아이가 안정적으로 혼자서 걸을 수 있는가?
- "쉬할까?"라고 물었을 때 그 의미를 알아듣는가?
- '쉬' '응가' 배변 의사를 스스로 표현할 수 있는가?
- 소변을 보는 간격이 2시간 이상이 되는가?
- 조금씩 자주 소변을 보지 않고 한 번에 많은 양을 누는가?
- 몇 시간 동안 팬티에 '쉬'를 하지 않고 마른 상태로 있는가?
- 표정을 바꾸거나 특별한 신호로 자신이 '쉬' 하고 싶다고 표현하는가?
- 혼자서 옷을 벗고 입을 수 있는가?

배변훈련을 시작하는 시기는 학자마다 의견 차이가 있다. 일반적으로 18개월부터 24개월을 시작하는 시기라고 하지만, 36개월까지는 배변훈련을 하는 시기로 본다. 양육자에 따라 36개월 이후에 배변훈련을 시작하는 경우도 있다. 아이가 스트레스받을 것을 우려해 계속 미루는 경향이 있기 때문이다. 느긋하게 해도 좋으나 너무 늦게 하는 것은 삼갈 필요가 있다. 40개월이 다 된 아이가 쉬를 해 옷이 흠뻑 젖어 있는데도 쉬를 하지 않았다고 하는 경우가 있다. 훈련이 너무 늦어지게 되면 아이는 자신감을 잃게 되어 자존감이 저하될 수 있다.

배변훈련의 시작은 양육자의 태도와 개인차에 따라 그 시기가 다르다. 부모(제2 양육자)는 영아의 개인차를 인정하고 훈련에 임해야 한다. 즉, 배변훈련 시작은 영아가 배변 관련 용어를 이해하고, '쉬' '응가' '똥' '오줌' 등의 의사 표현을 할 수 있어야 한다. 아이가 보내는 배변 신호와 방광 조절 능력 등을 고려해 배변훈련을 시작해야 한다.

배변훈련 시작과 훈련을 돕는 환경

영아가 배변훈련을 시작해서 90% 정도가 세 살쯤에 완성된다. 편안한 환경 마련과 배변 관련 놀이를 통해 친근함을 느낄 수 있도록 한다. 수용적인 상호작용으로 익숙해진 기저귀 갈이에서 낯선 배변훈련으로 전이될 수 있도록 하며, 이를 돕기 위해서는 다양한 배변훈련 환경이 필요하다(보건복지가족부, 2008).

🍼 먼저 화장실을 아늑한 공간으로 꾸며 놓는다

배변훈련 경험은 영아의 성격 형성에 영향을 미치기 때문에 즐겁게 할 수 있도록 한다. 수용적인 양육자의 태도와 흥미로운 환경 준비가 필요하다.

🧸 배변훈련 관련 동화나 놀잇감을 가지고 상호작용을 한다

처음에는 배변 및 변기와 연관된 다양한 놀이로 시작하여 배변과 변기에 친숙함을 느끼도록 한다. 변기에 흥미를 갖도록 꾸미거나 인형 앉히는 놀이를 한다.

"토끼 인형이 응가를 하고 싶대. 변기에 앉혀 볼까?"

👶 영아가 배변한 후 의사 표현한 것에 대해 격려를 한다

영아가 이미 배변을 한 후에 배변하는 의사를 표현하더라도 표현한 것에 대해 격려해 준다.

"슬기는 '응가'라고 말할 수 있어요."
"슬기가 응가를 했구나! 와, 슬기가 응가를 했다고 엄마(선생님)한테 알려 주었네. 바로 기저귀를 뗄 수 있겠다."

영아의 비언어적 · 언어적 배변 의사에 반응한다

영아가 언어적으로 의사 표현을 하지 않더라도 부모(교사)는 영아의 비언어적 표현에 민감하게 반응해야 한다. 영아는 말로 표현하지 않더라도 몸짓이나 표정으로,

"쉬하고 싶어요. 얼른 알아차려 주세요."

한다. 이때 부모(교사)는,

" 슬기야, 쉬하고 싶니? 변기에 앉아 볼까?"

라고 한다.

옷을 스스로 벗으려는 영아를 격려하며 기다려 준다

빨리 되지 않더라도 인내심을 가지고 기다려 준다. 부모(제2 양육자)의 의도대로 되지 않았다고 하여 영아에게 스트레스를 주면 안 된다.

🪇 변기 옆의 응가를 웃으면서 치우고 영아를 격려한다

"그래, 슬기가 바지를 내리고 있구나. 바지가 쑥쑥 내려가네. 팬티도 내려 볼까?"
"응가를 했구나. 다음에는 변기에 응가를 해 보자."

🐤 배변 후에는 영아와 함께 손을 씻는다

배변 후에는 영아가 엉덩이를 손으로 만지지 않도록 하고, 꼭 손을 씻도록 한다.

"슬기야, 손을 씻자. 쉬하고 응가한 후에 손에 쉬와 응가가 묻을 수 있으니까 손을 꼭 씻자."

3. 아이의 눈빛 신호에 반응해요

"선생님, 0세반에는 몇 명이 있나요?"
"선생님 몇 분이 돌보나요?"
"아이들은 몇 개월 되었나요?"
"낮잠은 어떻게 자나요?"
"아이들 먹는 것은 어떻게 해야 하나요?"
"우리 아이보다 훨씬 어린데 아이들이 잘 지내고 있네요."

이것은 대부분 어린이집에 상담을 오신 0세 아이 부모가 하는 질문들이다.

"네, 어머님. 0세반은 교사 1명이 영아 3명을 보육합니다."

라고 대답하면,

"선생님이 혼자서 다 볼 수 있나요?"

다시 질문이 이어진다. 부모의 궁금증은 0세반뿐만 아니라 다른 반도 마찬가지지만, 특히 0세 아이 부모의 관심이 높다. 그리고 부모가 빠뜨리지 않고 묻는 것이 있다.

"우리 아이는 아직 기저귀를 차고 있는데 괜찮을까요?"

부모는 아이의 반 편성도 궁금해하신다. 어린이집 0세반 구성과 0~12개월까지를 0세로 분류한 다양한 육아서 간 차이가 있기에 그럴 만도 할 것이다. 어린이집 영아반 기준은 보육사업 안내에 따라 적용된다. 0세반은 당해 연도를 기준해 전년도 1월 1일 이후 출생한 아이부터 금년 12월에 태어난 아이가 해당한다. 만 1세반, 만 2세반의 경우는 앞의 0세 기준에 년도만 더해 바꾸면 해당 반에 대한 계산이 나온다. 상황이 이러하다 보니 이제 막 태어난 아이부터 20개월 정도 된 아이들도 0세반에 편성될 수 있다.

　어린이집 기준과 다르게 대부분의 육아서에서는 0세 아이는 12개월까지, 만 1세는 13~24개월, 만 2세는 25~36개월까지를 기준으로 한다. 앞의 반 편성 기준에 따라 우리 어린이집 0세반에는 3명의 영아가 있다. 이 글을 쓰고 있는 시점인 5월, 11개월에 접어든 아이 1명과 14개월과 15개월인 아이 둘이다. 이 아이들은 다음 해 3월 새 학기가 되기 전인 2월 말까지는 0세반 그대로다. 내년 2월이 되면 지금 개월 수에 9개월이 더해지는 월령이 된다. 즉, 현재 15개월 된 아이는 0세반이라도 24개월이 되는 것이다.

　앞의 내용처럼 같은 0세반이라도 아이들의 개월 수는 다르다. 그리고 같은 월령이라도 언어, 정서, 신체, 사회성 발달 등에 개인차가 있다. 배변과 관련해서도 표현하는 신호가 다르다. 기저귀가 젖었는데도 아무렇지 않게 잘 지내는 아이가 있다. 기저귀를 갈아야 할 시간이 되었거나 응가 냄새가 나서 만져 보면 쉬와 응가를 기저귀가 넘치도록 한 경우도 있다. 이처럼 0세 아이가 쉬, 응가를 하고 난 후 표현하는 방법은 각자 다르다. 칭얼댄다, 표정이 달라진다, 엉거주춤한 경우 등 아이가 보내는 신호는 차이가 있다. 만 1세 아이도, 만 2세 아이도 배변 신호를 보낸다. 부모(제2 양육자)는 이를 잘 알아차리고 신속하게 반응해야 한다.

영아가 신호를 보내도 잠시 미뤄야 하는 경우가 있다. 동생이 태어났을 때, 육아 휴직을 마치고 복귀하는 경우, 아이의 건강 상태가 좋지 않을 때, 이사를 했을 경우, 집안 행사 등으로 어수선하거나 아이가 심리적으로 안정되지 않은 상태에서는 배변훈련을 하지 않는 것이 좋다. 즉, 아이가 스트레스를 받을 만한 요인이 있을 때는 잠시 미뤘다 하는 것이 좋다.

어린이집에서 영아들과 지내다 보면 신호를 보내는 상황을 자주 보게 된다. 미끄럼틀을 타고 놀던 14개월 된 현이가 블록 놀이하는 친구 옆으로 와서 엉거주춤하게 앉았다.

"현아, 응가했어?"

하자 나를 바라보며 고개를 끄덕였다.

"어디 기저귀를 볼까요?"

하며 바지를 내리고 기저귀를 안을 보니 정말 응가를 한 상태였다.

"현이 씻으러 갈까?"

하니 말없이 고개를 두 번 끄덕인다. 처음 보는 상황이라 선생님과 나는,

"어머, 현이가 응가한 것을 아나 봐요."

하며 아이를 화장실로 데리고 갔다. 현이는 화장실 앞에 멈추더니 고개를 들어 자기 키보다 높은 곳에 부착된 전기 스위치를 바라보았다. 그 모습은 마치 '저기요~ 저 씻어야 하니 화장실 불을 켜 주세요.' 하는 눈빛이다.

"화장실 불 켤까요?"

하니 아이가 또 고개를 끄덕인다. 이후 현이는 만 1세반 형들이 배변훈련하기 위해 화장실에 가면 자기도 변기에 같이 서서 쉬~ 하며 흉내를 내고 싶어 했다. 한 달이 지나자 그 횟수가 잦아졌다. 개월 수는 적지만 서서히 배변훈련을 시작해도 될 만큼. 만약 현이에게,

"아휴 냄새야, 응가했으면 얘기해야지."

하고 나무랐다면, 현이는 어떤 반응을 보였을까?

아이의 발달에는 개인차가 있기에 배변훈련 시 훈련자는 아이가 보내는 배변 신호에 민감하게 반응해야 한다. 응가를 하면 물로 씻어 주거나 여의치 않을 때는 물티슈로 깨끗이 닦아 주어야 한다. 그리고 기저귀 갈이 단계에 있거나 배변훈련 시기의 영아에게 기저귀를 갈아 주며 배변 습관을 길러 주기 위해 긍정적 상호작용이 필요하다. 부모는 영아의 울기와 불편한 표정 등을 살펴 영아의 표현 수단인 울음 등의 요구에 5분 이내에 민첩하게 반응해야 한다. 또한 기저귀 갈이 시간은 영아의 얼굴을 보고 미소 지으며, 영아의 반응을 따뜻한 언어로 표현해 주는 등 영아와 질적으로 상호작용하는 시간으로 활용해야 한다.

4. 배변훈련, 느긋해도 괜찮아요

배변훈련이 때로는 부모에게 스트레스로 다가온다. '우리 아이만 너무 늦는 것 아닐까?' 하며, 은근히 걱정하는 부모를 보게 된다. 특히 주변에서 본인의 자녀보다 어린 월령의 아이가 기저귀 떼는 모습을 보면 '내가 부족해서, 우리 아이가 부족해서 그런 것은 아닐까?' 하며 조급해하기도 한다. 간혹 어린이집에서 '배변훈련을 너무 늦게 한다'고 불만스러움을 표출하며 그만두는 경우도 있다. 하지만 배변훈련은 굳이 조급하게 여길 필요가 없다. 아이가 준비되었을 때 서두르지 않고 느긋하게 해야, 아이도 잘할 수 있다.

영아는 대소변을 곧바로 배설하지 않고 일정 기간 보유한다. 그럼으로써 쾌감을 느끼며, 배설 후에도 근육 이완으로 좋은 감정을 가지게 된다. 이러한 과정을 통해 아이는 만족감을 경험한다. 배변훈련은 영아 스스로 깨닫는 과정이어야 한다. 프로이트(Freud, S.)는 배변이란 아이가 자기 자신에게 주는 최소한의 선물이라고 했다(『아이가 보내는 신호들』, 최순자, 2015). 배변훈련은 아이가 배설 욕구를 알아차리고, 이를 조절할 수 있는 시기에 시작해야 한다. 하지만 모든 아이에게 적용할 필요는 없다. 아이들의 발달 정도는 개인차가 있기 때문이다. 이러한 차이는 이론 서적 내용이 아니더라도 보육 현장에서 보게 된다.

17~39개월 된 17명의 아이를 관찰했다(1차: 3개월, 2차:1년). 대상은 일반적으로 배변훈련이 시작되는 시기와 아이가 혼자서 변기에 앉을 시기의 필자의 어린이집 영아들이다. 훈련 시작은 아이가 입소해 어린이집 생활에 적응하고 난 이후로 정했다. 1차 배변훈련 기간은 2018년 5월에 시작해 같

은 해 7월까지로 했다.

영아는 만 1세반 10명(17~27개월 사이로 17개월 1명, 22개월 2명, 24개월 2명, 25개월 2명, 27개월 3명)과 만 2세반 7명(29~39개월)이다. 만 1세반 10명 중 1명은 배변훈련을 마친 상태다. 1명을 제외한 만 1세반은 모두 기저귀를 차고 있는 기저귀 부대다. 만 2세반에서 7명 중 4명(34개월, 35개월, 36개월, 37개월)은 배변훈련을 마친 상태라 기저귀를 사용하지 않고, 3명(29개월, 31개월, 39개월)은 배변훈련이 필요했다.

다음은 3개월 동안 관찰한 만 1세반 아이들의 모습이다.

- 배변 신호를 보내는 아이와 그렇지 않은 아이가 있다.
- 같은 연령 반이라도 배변훈련 기간 중 참여 정도의 차이가 있다.
- 배변훈련 자체를 거부하는 아이가 있어 기다림이 필요했다.
- 배변훈련을 시작해 기저귀를 뗀 기간의 차이가 있다.
- 만 2세 형님반에 있는 아이보다 기저귀를 빨리 뗀 27개월 된 아이가 있다.

만 2세반 아이들은 다음과 같은 모습을 보였다.

- 기저귀를 뗀 아이 중 급할 때는 옷에 실수했다.
- 배변훈련 자체를 거부하는 아이가 있어 기다림이 필요했다.
- 39개월 된 아이는 훈련 시작 시기는 늦었지만 월령이 적은 아이보다 훈련 기간이 매우 짧았다. 첫 쉬를 하고 난 후 2~3일 지나니 자연스럽게 변기에 쉬를 했다.

● 만 2세반 아이 중 다른 2명도 만 1세 중 가장 빨리 기저귀를 뗀 27개월 된 아이를 제외한 다른 아이보다 기저귀 떼는 기간이 짧았다. 일단 쉬를 시작하고 난 이후에는 자연스럽게 참여했다.

　만 2세반 아이의 사례를 살펴보면, 변비 증세가 심해 안쓰러움이 있었던 여아는 재원생으로 변기에 앉는 것을 무척 싫어했다. 변기에 앉아 배변을 하자 '아이의 기분은 어떨까?'를 먼저 생각했다. 신체, 언어, 인지 능력 등이 비교적 빠른 아이였지만, 배변훈련에는 유독 거부 반응을 보였다. 31개월이 된 어느 날 변기에 앉아 쉬하자고 하니 쪼르르 쉬를 했다. 손뼉 치며 폭풍 칭찬을 해 주었다. 다음 날은 선생님 검지를 잡고 화장실에 가자는 신호를 보냈다. 그 아이는 다음 날도 그다음 날도 잘했다.

　생일이 가장 빠른 39개월 된 남자아이는 3월에 입소한 신입 원아다. 화장실에 가자고 하면 그 자리에 주저앉으며 매우 싫어했다. 배변훈련 대상 중 개월 수가 가장 많은 아이라서 관심을 더 가졌지만 심하게 거부해 기다릴 수밖에 없었다. 부모님은 첫째 아이도 늦었다며 느긋함을 보였다.

　6월 중순의 일이다. 40개월 된 아이에게,

　　"쉬해 볼까?"

했더니 고개를 끄덕였다. 그날 이후 아이는 바로 쉬를 가렸다.

　　"정말 쉬 잘했어."

엄지손가락을 치켜세우고 손뼉을 치며 칭찬해 주었더니 미소를 보인 아이는 '내가 뭔가 해냈구나.' 하는 만족감을 드러냈다. 아이와 함께 기저귀를 벗어 휴지통에 넣으며,

"기저귀야 안녕~"

하고 인사도 했다. 배변훈련 기간은 같은 시기에 시작한 영아 12명 중 가장 짧았다.

관찰 대상 만 2세반 아이 중 1명인 남아는 다른 아이와 다르게 집에서는 하는데 어린이집에서는 하지 않으려고 했다. 배변훈련을 시작한 지 2개월째 되던 날, 어린이집에서 처음으로 변기에 쉬를 했다. 배변훈련 관찰을 통해 아이들의 다양한 개인차를 경험했다.

어린이집 아이들 대부분은 종일반이다. 배변훈련 상황을 관찰한 지 1년이 되었다. 17명 중 만 2세 4명과 만 1세 1명은 관찰 시작 시기에 배변훈련을 마친 상태였다. 중간 퇴소한 아이 3명을 제외한 9명이 배변을 가렸다. 이 중 1명은 가끔 실수한다. 관찰 대상 아이 중 배변훈련이 늦어지는 경우 정확한 이유를 말하기 어렵지만 '늦어도 괜찮다'고 여기는 부모의 양육 태도에서 비롯된 것이 아닐까 추측해 본다.

다음은 필자의 어린이집 영아반 배변훈련 엿보기다. 기간은 2018년 5월부터 2019년 5월까지이며 만 1세, 만 2세 영아를 대상으로 했다. 개인차가 있어 3개월 정도 걸릴 것으로 예상했으나 실제 기간이 훨씬 길었다.

슬기 어린이집 만 1세, 만 2세 영아반 배변훈련 엿보기

★ 기간 : 2018. 5. 2.~ 2019. 5. 2. ★ 연령/상태: 2018. 5. 2. 기준

번호	이름	성별	출생 순위	반	연령	현재 상태	시작 시기	반응	마친 기간
1	박○○	남	둘째	만 1세	27개월	가끔 실수함	훈련 마침 급할 때 실수	★	
2	손○○	남	둘째	만 1세	26개월	기저귀 사용	2018. 5. 2. (쉬 가리는 중)	2018. 5. 6.	1주일
3	최○○	남	첫째	만 1세	22개월	기저귀 사용	2018. 5. 2. (변기 거부)	2019. 4.	11개월
4	김○○	남	셋째	만 1세	27개월	기저귀 사용	2018. 5. 2. (변기 거부)	2018. 5. 30.	1개월
5	윤○○	남	첫째	만 1세	24개월	기저귀 사용	2018. 5. 2. (변기 거부)	2018. 8. 6.	3개월
6	우○○	여	첫째	만 1세	17개월	기저귀 사용	2018. 5. 2.	처음 참여 (변기 거부)	2019. 2. 퇴소
7	김○○	남	첫째	만 1세	27개월	기저귀 사용	2018. 5. 2. (변기 거부)	2019. 4.	11개월
8	선○○	남	셋째	만 1세	22개월	기저귀 사용	2018. 5. 2.	한번 성공 후 (변기 거부)	2019. 2. 퇴소
9	김○○	여	첫째	만 1세	24개월	기저귀 사용	2018. 5. 2. (변기 거부)	2018. 10.	5개월
10	조○○	남	둘째	만 1세	25개월	기저귀 사용	2018. 5. 2. (변기 거부)		2018. 5. 퇴소
11	임○○	남	셋째	만 2세	34개월	기저귀 사용 안 함	훈련 마침 급할 때 실수	★	
12	김○○	여	첫째	만 2세	36개월	기저귀 사용 안 함	훈련 마침 급할 때 실수	★	
13	김○○	여	첫째	만 2세	35개월	기저귀 사용 안 함	훈련 마침 급할 때 실수	★	
14	이○○	여	셋째	만 2세	37개월	기저귀 사용 안 함	훈련 마침 급할 때 실수	★	
15	배○○	여	첫째	만 2세	29개월	기저귀 사용	2018. 5. 2. (변기 거부)	2018. 7. 2.	2개월
16	강○○	남	첫째	만 2세	31개월	기저귀 사용	2018. 5. 2. (변기 거부)	2018. 7. 2.	2~3개월
17	이○○	남	둘째	만 2세	39개월	기저귀 사용	2018. 5. 2. (변기 거부)	2018. 6. 3.	3일

★ 만 1세반 1명, 만 2세반 4명은 배변훈련을 마친 상태임.

1차, 2차에 걸쳐 관찰한 결과 배변훈련을 시도할 때 아이의 반응이 달랐다. 선생님과 함께 변기에 '쉬'를 연습하는 아이가 있는가 하면 거부하는 아이가 있었다. 변기에 앉아 첫 '쉬'를 하는 시기도 달랐다. 처음 시도 후 스스로 변기에 앉아 자연스럽게 하기까지 걸리는 기간도 달랐다. 대체로 1~2개월 이내에 이루어졌으나 거부하는 경우 3개월 이상 걸렸다. 최단 기간인 3일 이내에 스스로 하는 아이도 있었고, 영아마다 다른 모습을 보였다. 또 하나 특이한 점은 18개월에서 24개월 사이에 배변훈련을 시작한다는 이론서의 내용과 다르게 그 이후에 훈련을 시작하는 경우가 더 많았다.

　다른 의사 표현을 잘하는 아이지만 배변훈련은 하지 않으려는 아이가 있다. 이럴 때는 아이에게 배변훈련이 낯선 것이 아니라는 것을 놀이를 통해 알려 주어야 한다. 기다림이 필요하며, 어린이집과 가정에서의 협조가 이루어져야 한다.

　배변훈련은 영아가 기저귀에 배설하는 것보다 변기에 하는 것이 더 상쾌하다는 감각을 알게 하는 것이다. 훈련의 시작이나 진행 과정에서 개인차를 인정해야 한다. 너무 서두르거나 강압적인 태도는 아이에게 좋지 않은 영향을 미친다. 양육자는 아이가 배변 감각을 자연스럽게 경험할 수 있도록 관심을 가지되, 여유롭게 기다려 주는 '느긋함'의 배려가 필요하다.

제 2 장

배변훈련, 놀이로 준비해요

1. 아이의 선행 기술이 필요해요

2. 배변훈련에 도움이 되는 그림책

3. 아이의 스트레스를 체크해요

4. 배변훈련, 놀이로 준비해요

1. 아이의 선행 기술이 필요해요

배변훈련을 시작해야 하는 시기는 아이마다 다르다. 하지만 배변훈련을 위한 선행 기술은 아이에게 모두 필요한 기술이다. 이러한 기술 습득은 배변훈련을 보다 원활하게 해 준다.

부모들은 아이가 일정 개월 수가 되면 배변훈련을 곧바로 시작해야 한다고 여긴다. 먼저, 부모는 아이의 발달 정도가 배변훈련의 성공 여부와 밀접한 관계에 있다는 것을 인지할 필요가 있다. 또한 배변훈련은 아이의 선행 기술이 모두 갖추어질 때까지 잠시 미뤄 놓는 것이 좋다.

아이가 배변훈련이 시작되기 전에 갖추어야 할 선행 기술에는 어떤 것이 있을까? 변기에 3분 동안 앉아 있기, 아이의 방광 조절하기, 아이 스스로 옷 내리기 등의 기술이 필요하다. 이러한 기술을 모두 습득하지 않으면 배변훈련 과정에서 어려움을 겪고, 성공하지 못할 수도 있다.

배변훈련에 도움이 되는 아이의 선행 기술(『배변훈련』, Frank Cicer, 2016)을 살펴보자.

첫째, 아이가 적어도 3분 동안 변기에 혼자서 앉아 있기다. 아이가 충분한 시간을 앉아 있지 못하고 꼼지락거리기, 변기 물로 장난치기, 화장지로 장난치기, 다리 휘젓기 등을 한다면 훈련에 방해가 된다. 이러한 선행 조건이 충족되지 않는다면 배변훈련 이전에 아이가 자연스럽게 숙지할 수 있도록 도움을 준다. 아이는 부모의 관심과 간단한 행동 프로그램을 통해서 짧은 기간에 익힐 수 있다. 내용은 다음과 같다.

아이를 변기에 앉힌다. 작가들이 글을 쓰거나 미장원에서 파마를 하고 중화제 바를 시간을 맞추기 위해 사용하는 타이머 시계를 이용해 시간을 맞춘다(예: 30초). 그 시간 아이가 변기에 앉아 있다면 아이에게 격려와 칭찬을 한다. 이 프로그램을 하루에 몇 번이고 반복한다. 이러한 진행으로 아이의 행동이 좋아지면 3분이 될 때까지 시간을 점점 늘린다. 아이가 부적절한 행동을 하지 않고 변기에 앉아 있다면 아이는 선행 기술이 준비된 것이다.

둘째, 아이의 방광 조절 능력 기술이다. 대개 배변훈련이 성공하기 위해서는 아이가 화장실 가는 간격, 즉 '쉬' 하는 간격이 최소한 1시간 이상이 되어야 한다. 방광 조절 능력을 확인하는 가장 쉬운 방법은 15분마다 아이의 기저귀를 확인하는 것이다. 1시간이 되기 전 아이가 소변을 자주 본다면 방광 조절 능력이 생겨 소변을 더 참을 수 있을 때까지 배변훈련을 미루는 것이 좋다.

셋째, 아이 스스로 팬티 내리기, 화장실로 걸어가기 등의 기본적인 자조 기술을 익혀야 한다. 이 기술이 필수는 아니지만 아이 스스로 화장실에 배변하는 훈련을 앞당길 수 있다.

넷째, 아이에게 방해가 될 만한 문제 행동이 없는 것이다. 발달장애가 있는 아이들은 공격, 떼쓰기, 자해, 불순응 등의 행동을 보인다. 문제 행동이 심하면 배변훈련을 진행하기 어려우므로 치료를 우선시해야 한다. 문제 행동이 감당할 수 있는 수준으로 줄어들게 되면 배변훈련을 시작할 준비가 된 것이다.

아이의 배변훈련이 원활하게 진행되게 하려면 대수롭지 않게 여기고 그냥 지나칠 수 있는 아이의 선행 기술이 필요하다. 이와 함께 부모의 준비도 필요하다. 배변훈련을 집중적으로 해야 할 시기라면 일관성 있게 시도하는 것이 좋다. 그러기 위해서는 최대한으로 아이에게 관심을 가질 수 있는 환경이 마련되어야 한다. 또한 아이가 어린이집에 다니는 경우라면 '배변훈련 시기를 어떻게 할 것인가?' '어떤 협조가 필요할 것인가?' 등의 사전 협의가 필요하다. 아이의 선행 기술이 필요한 것처럼.

2. 배변훈련에 도움이 되는 그림책

지난해에는 학부모 자율 책 읽기 모임이 원활하게 진행되지 않았다. 그래서 올해는 마을도서관과 연계하여 방법을 달리해 운영하며, 주제를 그림책 읽기로 정했다. '그림책 마음으로 읽기'를 통해 각자 가지고 온 그림책을 읽고 공감하며 얘기를 나누고 있다.

그림책 읽기는 매월 첫째 주 목요일 10시 30분, 우리 어린이집과 업무 협약을 맺은 반림 마을도서관에서 한다. 도서관에 가기 전 어린이집 앞 정자에서 모인다. 학부모 자율 모임이지만 원장도 관심을 가지고 함께 참여함으로써 학부모의 관심을 높일 수 있었다.

비가 내려서일까? 참석이 저조했다. 참여하기로 했던 수야 어머니는 취업으로, 환이 어머니는 갑자기 일이 생겨 참석하지 못한다고 연락이 왔다. 잠시 지난달 모임 후 느낀 점을 나누기 위해 주변을 살폈다. 정자 마루에 앉으려니 바닥이 지저분하다. 전날 밤늦게까지 사용했는지 아직 마르지 않은 수박씨와 물기가 곳곳에 있다. 바람이 불어와 먼지도 앉아 있다. 바닥에 앉기를 주저하다가 잠시 앉아 얘기를 나눈 후 도서관으로 향했다.

도서관에 도착하니 넓은 책상에 가지런히 누워 있는 그림책들이 말을 걸어온다. 『숲속 재봉사의 꽃잎 드레스』 『엄마의 말』 『내 귀는 왜 하늘색일까?』 『발가락 10개가 나란히 보이는 발가락』 『수박을 쪼개면 뭐 어때』 등의 책들을 빨리 펼쳐 보고 싶었다. 먼저 뽑기로 순서를 정해 준비해 온 그림책을 읽기로 했다. 읽고 난 후 그다음 읽을 사람을 지명하는 방법으로 읽기가 시작되었다. 연이 어머니는 자녀들이 좋아해서 여러 번 읽어 주었다는 『똑

똑한 고양이 슝슝이』를 읽으셨다. 호야 어머니는 맞벌이를 하는 엄마와 어린이집에서 퇴근하는 엄마를 기다리는 아이의 마음을 그린 『회사 가지마』를 읽으셨다. 그림책 읽기를 지도하는 선생님이 준비한 꽃 그림책 『들꽃이 핍니다』가 눈길을 확 사로잡았다.

내가 준비한 책은 배변훈련에 도움 되는 그림책이었다. 주황색 바탕의 표지에 『우리 몸의 구멍』 제목이 선명하다. 어린이집 아이들에게 읽어 주면 재미있어한다. 책에 이런 내용이 나온다.

우리 몸에도 구멍이 있지. 콧물이 들락거리는 콧구멍이 있어. 입을 '아' 하면 큰 구멍이 되고, '오' 하면 작은 구멍을 만들 수 있지. '오' 할 때보다 더 작은 땀구멍이 있고, 소리를 들을 수 있는 귀, 냄새 맡고 숨을 쉴 수 있는 코, 볼 수 있는 눈, 냠냠 음식을 먹을 수 있는 입이 있지. 시금치, 당근, 고기, 멸치, 우유를 마시면 어디로 나올까? 좁다란 식도를 지난다. 둥그런 위를 지나고, 꼬불꼬불한 장을 지나면 먹었던 음식이 배 아래에 모이게 되지.

찌꺼기가 쌓이고 또 쌓이면 어떻게 될까? '끙끙' '끄으응', 바지와 팬티를 내리고 변기에 앉아 힘을 주면 똥이 나오지. '뽕' '뽕' 하면 방귀도 나오고, '쉬' '쉬이' 하면 오줌이 나오기도 해.

그러면 아기는 어디로 나올까? 아기는 아기 구멍으로 나오지. 엄마의 아기 구멍에서 나온 아기가 자라 예삐반, 병아리반, 슬기반 친구들처럼 자라게 되지. 엄마의 몸에 구멍이 있는 것처럼 우리 친구들 몸에도 구멍이 있어. 한번 가리켜 볼까?

눈, 코, 입, 귀, 배꼽, 방귀도 나오고 똥이 나오는 항문.

와우, 그림책을 보니까 우리 몸의 구멍이 많은 일을 하고 있네. 소중하게 다루어야겠어.

이 그림책에는 끙끙, 끄으응, 뿡, 쉬, 쉬이, 오줌, 방귀, 똥, 항문 등 배변훈련과 관련된 단어가 톡톡 튀어나온다.

이러한 이야기가 생각나서일까? 며칠 전 배변훈련을 마친 병아리반 수야가 변기에 서서 쉬하면서 했던 말이 생각났다.

"선생님, 고추의 구멍이 열려 쉬가 나와요."
"그래, 구멍이 열려 쉬가 나오는구나. 수야가 어떻게 그런 생각을 했지?"

하며 머리를 쓰다듬어 주자 흐뭇한 미소를 지었다.

그림책을 읽으면 아이가 즐거워하며 표현력이 풍부해진다. 정서적 안정과 문제 해결 능력이 길러진다. 응가, 똥, 쉬, 방귀, 변기 등의 언어를 즐겁게 익히며, 영아의 배변훈련에도 도움이 된다.

그림책은 연령과 상황에 따라 읽어 주면 효과적이다.

18~24개월의 연습 단계에서는 변 관련 그림책, 『응가하자 끙끙』(보림), 『똥이 풍덩』(비룡소), 『변기에 누가 앉을까?』(키득키득), 『팬티를 입었어요』(길벗 어린이) 등을 읽어 준다. 24~30개월 배변훈련 단계에서는 소변보는 습관을 길러 주는 그림책, 『내 쉬 통 어딨어?』(그린 북) 등을 남자아이에게 읽어 준다. 여자아이에게는 새로 산 소변기에 소변 가리기 하는 내용이

담긴 『혼자 쉬해요』(중앙출판사) 등의 그림책을 읽어 주면 좋다.

　이처럼 영아의 배변훈련에 도움이 되는 그림책은 다양하다. 배변훈련 중심의 그림책이 아니더라도 배변훈련과 연관된 요소가 들어 있다면 배변과 연계해 얘기를 해 주는 것도 좋다.

자기 모습이 담긴 배변 그림책을 보고 있는 영아

친구들과 배변 그림책을 보며 흉내 내기를 하고 있는 모습

3. 아이의 스트레스를 체크해요

　배변훈련을 처음 하는 경우, 영아는 적응하기 어려워하며 스트레스를 받는다. 아이의 스트레스는 욕구 불만 상태에 이른 것을 뜻하며, 엄마와 상호작용하는 과정에서 자기 마음대로 안 된다는 것을 의미하기도 한다. 아이는 이에 대한 거부감으로 생리적인 변비에 걸리거나 결벽증이 발생하기도 한다.

　여러 육아 전문가는 아이의 배변훈련에 대해 억지로 시키는 것은 좋지 않다고 조언을 아끼지 않는다. 그러나 일부 부모들은 '우리 아이만 늦는 것은 아닐까?' 조바심을 내기도 하며 훈련을 강압적으로 시키는 경향이 있는데, 이는 아이에게 부정적인 영향을 미치게 된다.

　대개 18개월까지 아이들은 스스로 배변을 조절하기 힘들다. 보통 만 2세가 되어서야 "응가" "쉬"라는 표현을 한다. 간과해서는 안 될 것은 아이마다 적절한 시기를 선택해야 한다는 것이다.

　아이의 발달 정도에 따라 달라지는 배변훈련은 절대로 강요하거나 억압적으로 해서는 안 된다. 강요받는 상황이 되면 아이는 부모에게 적개심을 품거나 수치심을 느낀다. 이로 인한 부정적인 영향으로, 심한 경우 대변을 제대로 가리지 못해 소아 정신과에서 치료를 받는 경우도 있다.

　아이가 받는 배변 스트레스는 어떻게 나타날까?

- 변기에 앉자고 하면 울거나 짜증 내기
- 숨어서 배변하기

- 변기 피하기
- 엄마 몰래 변기 감추기
- 배변 중에 엄마가 옆에 있게 하기
- 배변을 하지 않겠다고 거부하기
- 배변 참기
- 변비 증세가 나타나는 경우

등이다.

이러한 스트레스를 줄여 주는 방법에는 어떤 것이 있을까?

첫째, 느긋하게 아이를 기다려 준다.

다른 또래 아이들보다 좀 늦더라도 아이가 스스로 하려는 의지가 생길 때까지 기다려 주는 자세가 필요하다. 배변훈련이 늦어도 괜찮으니 다그치지 말고 기다려 주자.

둘째, 아이가 의사 표현을 할 때 시도한다.

"쉬" "응가" 등 배변 의사 표현을 하거나 기저귀 차기를 싫어할 때, 변기를 자연스럽게 받아들이며 친근감을 느낄 때, 부모, 형제, 또래가 배변하는 모습을 보고 호기심을 가졌을 때 훈련을 시작한다.

셋째, 놀이처럼 시작한다.

새 변기를 준비한다. 변기와 친해질 수 있도록 변기를 의자처럼 사용한다. 변기에 앉아 그림책 보기, 음식 먹기, 이야기 듣기, 옷 내리고 앉아 보기 등 변기 앉기 놀이를 한다. 변기 앉기 놀이가 익숙해지면 변기에 인형 앉혀 보기, 인형 응가시키기, 인형 응가 닦아 주기 놀이를 진행한다. 아이가 변기를 장난감처럼 여기게 되면 배변훈련도 놀이처럼 시작해 본다.

넷째, 아이를 지속적으로 칭찬한다.

아이가 원활하게 배변할 수 있도록 관심을 가진다. 변기에 앉아 책을 보면,

"우리 슬기가 그림책을 보고 있구나."
"변기에 쉬했네. 참 잘했어."

라고 성공했을 때 칭찬을 해 준다. '쉬'가 안 나온다고 울상 짓는 아이에게는,

"괜찮아, 나중에 또 해 보자."
"쉬하려고 변기에 앉아 있었구나. 잘했어."

라고 해 주고, 아이가 실패하더라도 꾸준히 칭찬하며 격려해 준다.

아이는 자신의 기대에 부응하지 못하면 스트레스를 받는다. 배변훈련할 때도 마찬가지다. 부모의 세심한 관심이 필요하다. 아이가 스트레스를 받는 기색이 보이면 아이가 안정감을 가지고 훈련에 참여할 수 있도록 여유로운 마음으로 기다려 주자.

사계절 중 여름은 아이가 기저귀 떼기 좋은 계절이다. 더운 날씨로 인해 아이는 기저귀 차는 것을 답답하게 느끼며 스스로 벗으려고 한다. 그러므로 이때를 이용하면 아이도 스트레스를 덜 받고 단기간에 기저귀를 뗄 수 있다.

4. 배변훈련, 놀이로 준비해요

아이는 태어나자마자 기저귀와 만난다. 기저귀는 영아의 신체 일부를 감싸며 친구처럼 밀착해 일상을 함께한다. 오랫동안 배변을 받으며 같이 지내 오던 기저귀를 벗는다는 것은 엄마와 헤어지는 것처럼 영아에게 무척 큰 사건이다. 이를 통해 영아는 환경의 변화를 느끼며, 정서적으로나 신체적으로 영향을 받는다.

영아 일상의 변화를 분리와 전이의 개념으로 설명하기도 한다. 변화는 친숙한 것에서 떨어지는 분리이며, 새로움을 경험하는 전이 과정을 거친다. 즉, 기저귀를 떼고 스스로 변기에 '쉬' '응가'를 하는 분리와 전이의 과정은 영아에게 두렵고, 부담스럽고, 어려운 일이 아닐 수 없다. 정서적인 갈등과 부담을 겪기도 한다.

이처럼 배변훈련은 사회화 과정으로서 의미를 가진다. 아이가 기저귀를 사용하던 때를 벗어나 혼자서 변기를 사용하는 것은 아이가 첫걸음마를 하는 것과 같은 큰 변화이다. 따라서 부모(제2 양육자)는 아이가 경험하게 되는 변화에 대한 두려움이나 도전 의식을 충분히 이해해야 한다. 배변훈련 과정에서 영아는 배변하는 것에 관심을 가진다. 부모나 형제, 친구를 보며 흉내 내기를 한다. 배변을 능숙하게 조절해 성공 과시하기, 강하게 거부하며 불안해하거나 차고 있던 기저귀를 고집하는 등의 양상을 보인다.

부모는 시간을 확인하며 기회를 엿본다. 영아가 배변하기를 시도하나 의도대로 되지 않았을 때는 실망과 갈등으로 아이를 지켜본다. 또한 기대와 긴장으로 영아와 맞서기도 하며, 이와는 다르게 편안한 일상으로 받아들이는 양상도 보인다.

배변훈련 과정에서 영아와 부모(제2 양육자) 간 발생할 수 있는 긴장이나 갈등을 최소화해야 한다. 화를 내거나 훈계를 하게 되면 아이의 정서에 부정의 싹이 트게 된다. 양육자는 영아가 배변 활동과 자신의 배설물에 대해 '더럽다'는 부정적 인식보다는 좋은 일, 시원한 일로 인식을 하게 해야 한다. 배변훈련은 부모와 영아 간의 요구와 기대가 서로 조화를 이룰 때가 최적인 것이다.

배변훈련은 한 번의 성공으로 이루어지기 어렵다. 자신감과 자부심, 양육자와의 신뢰감 형성을 위한 조언과 방법들이 다양한 경로로 제공되고 있다. 이러한 정보는 영아의 발달에 차이가 있고 개별적 특성이 있어 우리 아이와 '딱 맞춤' 하는 데 어려움이 있다. 특히 강압적인 배변훈련은 심한 수치심을 갖게 한다. 정서가 위축되고, 공격적이며 폭력적인 행동이 발현되기도 한다.

영아의 발달 과업인 배변훈련은 언제 시작해야 할지, 어떻게 해야 할지 잘 모르는 양육자에게는 과제가 아닐 수 없다. 앞에서도 다루었지만 '배변훈련 시기'는 학자마다 의견이 다르다. 아이가 말귀를 알아듣는 20개월부터 하자는 의견도 있고, 15개월부터 가능하다는 견해도 있다. 육아서나 육아 관련 사이트, 배변훈련 경험이 있는 선배 양육자들의 이야기에도 다소의 차이가 있다. 배변훈련의 시작은 아이가 2~3시간 정도 배변을 참을 수 있을 때 해야 한다. 아이가 스스로 배변 의사 표현을 하고, 기저귀를 불편해할 때 시작하는 게 좋다. 즉, 배변훈련은 '우리 아이에게 맞는 때'에 해야 한다.

배변훈련 과정에 있는 미성숙한 영아는 신체적으로나 정서적으로 안정되지 못한 상태에 있다. 이에 도움이 되는 방법은 없을까?

어린이집 표준보육과정에 기초한 배변 놀이가 있다. 0세 아이, 만 1세 아이, 만 2세 아이의 단계에 따라 다양한 놀이를 해 볼 수 있다. 이러한 놀이는 영아에게 심리적으로 안정감을 갖게 하며, 갈등과 문제 해결에 도움이 된다. 쉬, 응가, 휴지, 변기, 배변 그림책, 인형 등을 소재로 한 배변훈련 놀이는 아이들을 즐겁게 한다. 아이는 놀이를 즐기는 가운데 '쉬'와 '응가'를 쉽게 표현하며, 그림책을 반복적으로 보면서 '변기는 쉬와 응가를 하는 곳이구나.' 하는 인식이 생긴다.

성공적인 배변훈련을 위해서는 아이가 하는 행동에 공감해 줘야 한다. 연령에 따라 차이를 보이는 배변 상황을 이해하고, 놀이를 통해 친근함을 느끼게 해야 한다. 이와 더불어 수용적인 상호작용으로 익숙해진 기저귀 갈기에서 낯선 배변훈련으로 전이될 수 있도록 체계적인 놀이 지원이 필요하지 않을까.

응가 모양 길 따라 걸어 보기

"응가야" "쉬"야 안녕~

제3장

배변훈련,
단계가 있어요

1. 배변훈련은 필수 과정

　대부분 영아 배변 활동은 아무 어려움 없이 한다고 여긴다. 하지만 보육 현장에서 보면 배변 활동을 자연스럽고 아주 쉽게 하는 영아가 있는 반면, 어려워하는 아이도 있음을 알 수 있다. 화장실 앞에만 가면 "싫어, 싫어." 하며 손사래를 치고 두려워하며 우는 아이가 있다. 화장실에 설치된 영아용 변기만 싫어하는 것이 아니다. 아이가 좋아할 만한 귀엽고 예쁜 캐릭터가 그려진 이동식 변기에조차도 앉기를 거부하며 "싫어."라고 단호하게 말하기도 한다. 이렇듯 태어난 직후부터 몸에 차고 있던 기저귀를 떼 내는 활동은 어렵고 영아마다 차이가 있지만 아이가 자라는 과정에서 거스를 수 없는 필수 과정이다.

　부모는 아이가 변기에 앉아 처음으로 '응가'라고 부르는 '똥'을 누게 되면 무척 신기해한다. 이를 기념하기 위해 사진을 찍어 SNS에 포스팅을 하기도 한다. '쉬'를 해도 기특하게 여기며 칭찬을 한다. 이처럼 성공적인 훈련을 마치고도 스트레스 요인이 생기면 아이는 퇴행 현상을 보이기도 한다. 특히 동생이 태어나거나 건강 상태가 좋지 않을 때, 이사로 인해 환경이 바뀌었을 때, 심하게 꾸중을 들었을 때 등의 상황에서 그런 현상이 나타난다. 이때 부모는 아이가 경험하게 되는 변화에 대한 두려움이나 현상에 대해 충분하게 이해해야 한다. 또한 아이가 배설물에 대해 긍정적으로 인식하고 배변 활동을 즐거운 것으로 받아들일 수 있게 하는 것이 매우 중요하다.

프로이트는 구강기 다음 단계를 항문기라 불렀다. 대소변 가리기와 항문과 관련된 활동은 인성 발달에 영향을 미친다고 했다. 이 단계에 해당하는 2~4세 시기를 항문에 관심을 보이는 '항문기'라고 한다. 배변 활동을 통해 만족감을 느끼며, 배변 욕구를 조절하거나 배변하는 법을 배우게 된다. 배변훈련이 성공적으로 이루어지면 영아는 욕구 충족으로 만족감을 느낀다. 배설물에 대한 긍정적인 정서와 함께 창의적이고 생산적인 성격으로 발달을 하게 된다. 이와 반대로 지나치게 엄격하거나 배변훈련을 강요한다면 영아는 적대적이거나 파괴적인 성향을 보일 수 있다. 이 시기의 아이들은 자기조절력 및 자율성에 대한 기초 능력과 자존심이 싹트게 된다. 대소변 훈련을 시킬 때 부모나 제2 양육자가 어떤 태도와 방법을 취하느냐에 따라 아이의 성격 형성에 영향을 미친다. 이런 이유로 배변훈련이 중요하다.

배변 습관을 무리하게, 강압적으로 했을 때 반사회적 행동이 나타나기도 한다. 일본의 사례이기는 하지만 중학교 남학생이 초등학생 3명을 연쇄적으로 살인한 끔찍한 사건이 발생한 적이 있었다. 심리학자, 정신분석학자, 뇌 과학자, 범죄심리학자 등 다양한 분야의 학자들의 연구와 조사에 의하면 아이의 범행은 배변훈련과 연관되어 있음이 밝혀졌다. 아이의 엄마는 배변 습관을 들일 때 매우 강압적으로 했다고 한다. 아이는 자기 몸에 있는 것을 자연스럽게 스스로 배출해야 하는데, 이런 과정을 강요당하면서 분노가 쌓이고, 성장 후 반사회적인 공격성을 드러낸 것이다(『아이가 보내는 신호들』, 최순자, 2015).

개인의 차이는 있지만 아이에게 배변훈련이란 두려운 일이 아닐 수 없다. 그러므로 배변훈련은 영아가, "나 이제 훈련해도 괜찮아." 하는 듯한 배변 관련 준비 신호를 보일 때 시도하며, 재촉하거나 강압적으로 해서는 안 된다. 배변훈련 과정이 긍정적 경험이 될 수 있도록 해야 한다. 다양한 배변 놀이를 통해 아이가 '쉬'와 '응가'를 표현하며, 두려움 없이 자연스럽게 이루어질 수 있는 환경이 되어야 한다.

배변훈련, 놀이로 배워요

인형 블록 변기에 앉혀 보기

친구와 블록 변기에 앉아 응가하기

기저귀 쌓으며 수 놀이하기

옷 위에 팬티 입어 보기

화장실 변기에 '쉬' 하기

용변 후 변기 물 내리기

2. 영아 배변훈련 4단계

배변훈련은 일반적으로 두 돌을 전후해 시작되며, 훈련을 완성하기까지 여러 단계를 거치게 된다. 배변훈련 단계도 양육자에 따라 차이가 있다. 배변훈련 단계는 "응가는 깨끗한 것이다."라고 알려 주는 1단계를 시작으로, 성인이 먼저 시범 보이기, 낮에 팬티 입히기, 배변훈련을 도와주는 그림책 읽어 주기, 마지막으로 칭찬하기 단계가 있다. 이와 다르게 5단계로 실시하는 경우가 있다. 이를 살펴보면 1단계는 시작 시기를 파악하는 훈련 시기 파악하기다. 2단계는 '응가'와 '쉬'를 알려 주는 언어적 표현으로 알려 주기다. 3단계는 변기를 장난감처럼 친해지게 하는 변기와 친해지기다. 4단계는 인형 등을 이용해 변기에 배변을 보는 모델을 보여 주는 모델 제공하기며, 5단계는 영아의 배변 리듬을 살피며 하루에 3~4회 정도 규칙적으로 시도하는 시행하기다.

여기서는 배변 놀이 단계, 배변 연습 단계, 배변훈련 단계, 혼자 화장실 가기의 〈배변훈련 네 단계〉를 살펴보고자 한다.

🍵 첫 번째는 배변 놀이 단계이다

대략 15~18개월 영아가 배변훈련에 관심을 가지도록 준비하는 단계이다. 이 시기에는 옷 입고 변기에 앉아 보기, 변기에 인형 앉혀 보기, 화장지 가지고 놀기, 화장실에 친근감 느끼게 하기(물 내려 보기, 손 씻기) 등을 해 본다.

"변기에 아기 인형을 앉혀 볼까?"

"슬기도 인형처럼 변기에 앉아 보자."
"참 잘했어."

🐻 두 번째는 배변 연습 단계이다

대략 18~24개월 영아가 부모의 도움 없이 배변 연습을 해 보는 단계이다. 이 시기에는 변기에 앉았다 내려오기, 옷을 입은 채 변기에 앉아 용변 보는 흉내 내기, 찰흙이나 포일 등으로 응가 만들기, 기저귀 벗고 차 보기, 바지 올리고 내리기, 배변 관련 그림책 읽어 주기, 손 씻기 등을 해 본다. 이 단계에서 제2장에서 제시한 『응가하자 끙끙』(보림), 『똥이 풍덩』(비룡소), 『변기에 누가 앉을까?』(키득키득), 『팬티를 입었어요』(길벗 어린이) 등을 읽어 주는 것도 좋다. 이와 함께 "슬기야, 이것은 변기통이야. 여기에, 응~ 쉬~를 할 수 있어." 하고 변기 사용법 알려 주기 등을 해 본다.

🦴 세 번째는 배변훈련 단계이다

대략 24~30개월 영아의 배변훈련은 영아가 아침에 일어났을 때, 아침 식사 후, 외출 전, 욕조에 들어가기 전, 낮잠이나 잠자리에 들기 전에 "쉬해 볼까?" "변기에 앉아 볼래?" 등의 질문을 해 영아 자신의 몸을 점검하고 화장실에 다녀올 수 있도록 도와준다. 이 단계에서 제2장에서 소개한 남자아이의 소변보는 습관을 길러 주는 그림책 『내 쉬 통 어딨어?』(그린 북)와 여자아이에게는 새로 산 소변기에 소변 가리기를 성공하는 내용이 담긴 『혼자 쉬해요』(중앙출판사) 그림책 등을 읽어 주면 좋다.

 **네 번째는 배변 혼자 하기 단계이다**

　대략 30개월 정도가 되면 영아 혼자 화장실에 가서 스스로 자신의 욕구를 해결할 수 있다. 영아가 용변을 봤을 때 영아의 이름을 불러 주며,

"슬기가 변기에 소변을 보았구나!"
"우리 슬기 참 잘했어."

하며 칭찬과 격려를 해 준다. 용변 후에는 반드시 손을 씻도록 지도하고 손 씻는 습관이 들 수 있도록 하는 것이 중요하다.

　부모는 영아의 배변 행동 특성을 잘 이해하고 배변훈련의 시작 시기를 잘 판단해야 한다. 부모는 배변훈련의 어려움을 겪는 영아에게 강요하거나 수치심을 느끼게 해서는 안 된다. 또한 수용적인 상호작용으로 익숙해진 기저귀 갈이에서 낯선 배변훈련으로 전이될 수 있도록 체계적으로 영아의 배변훈련을 안내하고 지원하며 격려해 영아가 건강한 삶을 유지할 수 있도록 해야 한다.

영아 배변훈련 4단계 🐝

1. 배변 놀이 단계: 변기에 인형 앉혀 보기

옷 입고 변기에 앉아 보기

2. 배변 연습 단계: 포일로 응가 만들기

변기 알려 주기

3. 배변훈련 단계: '응가' 도와주기

화장실에 다녀올 수 있도록 도와주기

4. 혼자 화장실 가기 단계: 변기 물 내리기

용변 후 손 씻기

* 출처: 『내 아이랑 뭐하고 놀지?』(임미정, 2018)에서 재수정.

3. 효과적인 배변훈련 방법

　지난해 일이다. 빛이는 29개월 된 여자아이로 슬기반 친구들과 함께 한 달 전 배변훈련을 시작했다. 훈련하기 전에는 기저귀에 '쉬'와 '응가'를 했다. 배변훈련을 시작한 지 1주일쯤 되자 실수하는 횟수가 거의 줄어들었다. 그러던 어느 날 배변훈련을 마쳐 가는 빛이가 옷에 '쉬'를 했다. 젖은 바지를 바라보며 담임 선생님께 갈아입혀 달라고 당당하게 얘기를 한다. 대부분의 아이는 쉬나 응가를 하면 표정이 조심스럽고 의기소침하는 경향이 있는데, 빛이는 이와 다르게 의사 표현을 용기 있게 명확하게 했다. 밝은 성격 영향도 있지만, 자신이 원하는 것을 얘기하면 선생님이 바로 해결해 줄 것이라는 믿음 때문일지도 모른다.

　빛이의 배변훈련 과정은 별 무리 없이 진행되고 있다. 빛이 부모와 훈련 시기와 방법에 대한 의논이 있었다. 빛이 부모는 맞벌이 가정이지만 어린이집과의 의사소통이 원활하다. 협조도 잘 이루어져 배변훈련에 도움이 된다.

　퇴근 후 아이를 데리러 오신 빛이 어머니께,

"빛이 오늘도 화장실에서 쉬 잘했어요."
"실수는 한 번밖에 하지 않았어요. 우리 빛이 칭찬 많이 해 주세요."

하자 어머니께서는,

"생각보다 빨리 기저귀를 떼나 봐요."

하며 흐뭇해하신다.

많은 육아서에 배변훈련 시작 시기와 방법 등이 다뤄지고 있다. 필자 또한 언급한 바 있다. 영아에게 적절한 때에 배변훈련을 시작하고, 적합한 방법으로 훈련하는 것은 매우 중요하다. 그러므로 배변훈련을 시행할 때 부모나 교사는 효과적인 배변훈련 방법과 주의 사항을 숙지해야 한다. 다음의 내용을 살펴보자.

- 평소에 기저귀를 자주 갈아 준다.
- 기저귀를 갈고 싶을 때나 배변을 하고 싶을 때는 언제든지 엄마나 아빠(선생님)에게 오라고 얘기한다.
- 배변훈련을 마친 영아와 함께 용변 볼 기회를 마련한다.
- 배변훈련에 관련된 여러 가지 책을 읽어 준다.
- 영아용 이동식 변기를 준비해 가까이에서 쉽게 사용할 수 있게 한다.
- 영아용 변기나 화장실 사용하는 방법에 대해 알려 준다.
- "변기에 앉아라." 대신 "변기에 앉아 볼까?", "화장실에 가라."보다는 "화장실에 갈래?"처럼 명령보다는 제안을 한다.
- 용변 의사가 확실하게 있다고 여기는 경우에만 "변기에 앉아 볼까?" 등의 얘기를 한다.
- 영아의 의사를 존중해 배변훈련을 한다.

프로이트는 영아가 준비되지 않은 상태에서 배변훈련을 일찍 서두르는 것을 부정적으로 보았다. 강압적인 훈련을 하게 되면 이후에 비정상적인 성격을 형성할 수 있다고 하였다. 이를 예방하기 위해서 부모와 교사가 유의해야 할 점이 있다.

- 영아가 변기에 앉지 않으려고 한다거나 배변훈련에 대해 심하게 반발하면 훈련을 시작하지 않는다.
- 영아가 실수할 때는 화를 내거나 처벌을 하지 않는다.
- 용변 의사가 없거나 아이가 원하지 않을 때는 변기에 앉으라고 강요하지 않는다.
- 영아가 변기에 앉아 있는 동안 변기의 물을 내리지 않는다.
- 용변 의사를 너무 자주 묻지 않는다.
- 용변과 관련해 갈등이 일어나는 상황을 만들지 않는다.
- 배변훈련을 하는 동안 항상 서두르지 말고 여유 있게 기다려 준다.
- 실수는 할 수 있으며, 용납된다는 것을 아이가 알게 해 준다.
- 가정에서는 엄마와 아빠가 같은 방법으로 한다. 또한 부모와 교사가 협의해 같은 방법으로 지도한다.
- 영아용 용변기와 화장실 변기는 항상 청결하게 하며 위생적으로 관리한다.
- 화장실의 조명은 밝게 하며 따뜻한 색의 타일을 준비한다. 여의치 않은 경우 아이들이 좋아하는 스티커를 붙여 준다.
- 배변훈련에 필요한 간이 용변기나 화장실의 변기는 영아들이 좋아하고 편안하게 사용할 수 있는 것으로 선택한다.
- 변기에 대해 흥미롭게 설명한다.
- 식사 후나 낮잠 자기 전후, 실외 활동을 하기 전 등의 시간에 자연스럽

게 "화장실에 갈래?"라고 제안한다.

더욱 효율적인 배변훈련을 하려면 적절한 시기에 효과적인 방법으로 진행해야 한다. 배변훈련을 성공적으로 마치려면 세심한 관심과 주의가 필요하다. 또한 영아가 준비되었을 때 시작해야 한다. 이와 함께 배변과 관련된 영아들의 의사를 바르게 파악하여 적절하게 도와주어야 한다.

변기와 친근해질 수 있도록 놀이하기

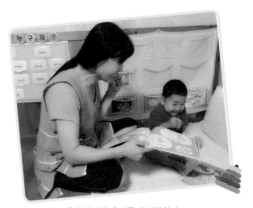

용변에 대해 흥미롭게 설명하기

4. 배변훈련을 돕는 부모의 상호작용

영아가 기저귀를 뗀다는 것은 어려운 분리의 경험이다. 성공적인 배변 습관은 아이의 성취감 발달과 자기만족감으로 이어지고, 성인이 되어 건강한 정서와 행동 발달에 도움이 된다. 다시 말해, '배변 습관을 어떻게 들이느냐.' '양육자가 상호작용을 어떻게 하느냐.'에 따라 아이의 정서적·심리적 건강이 좌우될 수 있다는 얘기다.

영아가 기저귀를 뗀다는 것은 어려운 분리의 경험이다. 기저귀 갈이와 배변훈련 시 영아와 부모 간의 상호작용과 단계적인 배변훈련 과정은 영아의 발달에 긍정적인 영향을 미치게 된다. 그러므로 영아가 배변훈련을 할 경우, 영아와 부모 간의 상호작용은 매우 중요하다. 영아의 욕구 해결 후 부모가 안아 주어 정서적 지원을 할 때 영아가 부모에게 신뢰감을 느낀다. 이를 기초로 세상에 대한 기본적인 신뢰감을 형성하게 되는데, 다음과 같은 〈배변훈련 상호작용 원칙〉을 참고할 필요가 있다(『내 아이랑 뭐하고 놀지?』, 임미정, 2018).

첫째, 부모는 수용적인 상호작용을 한다. 수용적인 상호작용은 영아를 인정하고 격려하며 도와주려는 부모의 행동을 말한다. 부모는 영아가 인정을 받고 있다는 느낌을 줄 수 있도록 하는 것이다.

둘째, 충분한 시간을 두고 계획한다. 영아를 편안하고 익숙해진 기저귀에서 분리한다는 것은 쉽지 않다. 따라서 부모는 체계적으로 배변훈련을 안내하고 격려해 줄 수 있도록 한다.

셋째, 천천히 기다려 주며 안내한다. 화장실에 가고 싶은지 너무 자주 묻거나 변기에 너무 오래 앉혀 두면 영아가 불안해한다. 부담스러워하기도 하므로 5분을 넘기지 않도록 한다.

넷째, 쉬하기나 응가하기를 시도하거나 성공했을 때 칭찬과 격려를 해 준다. 실수했을 때 화를 내거나 벌을 주어서는 안 되며, 실수는 언제나 할 수 있다는 것을 알게 한다.

배변훈련 과정에 있는 영아들의 모습을 보면 예기치 않은 일이 발생할 때가 많다. 배변훈련 중인 성이에게 쉬를 시키기 위해 화장실에 갔던 병아리반 선생님이,

"선생님, 빨리 와 보세요."

하고 부른다. 마침 가까이에 있던 내가 화장실 문을 빨리 열었다.

"선생님, 무슨 일이에요?"
"원장님, 성이 옆에 좀 있어 주세요."

상황을 보니 성이는 기저귀가 넘칠 정도로 가득 변을 본 상태였다. 선생님이 팬티 기저귀를 내리자 성이의 허벅지와 선생님 손에 똥이 듬뿍 묻어 선생님이 먼저 손을 씻지 않으면 안 될 상황이었다. 선생님은 성이와 눈을 맞추며 성이와 상호작용을 했다.

"성아 괜찮아. 급했었나 보구나."

라고 격려하며 조심스럽게 기저귀를 벗겼다.

"성아, 물로 깨끗이 씻자."
"물이 시원하지."
"비누가 미끌미끌하구나."
"씻고 나니 시원하지."
"성이 기저귀 찾아보세요."

아이는 배변을 잘 가리다가도 실수할 때가 있다. 훈육보다는 아이의 감정을 읽어 주며 공감해 아이가 수치심을 느끼지 않도록 상호작용을 해야 한다.

- 아이가 보내는 '쉬'나 '응가'의 신호를 알아차렸을 때, "슬기야, '쉬' 하고 싶니?" "화장실에 갈까?"
- 이미 기저귀나 옷에 누어 버린 직후에는, "어, 슬기가 급했나 보구나." "어, 쉬가 벌써 나와 버렸네." "쉬가 묻으니 기분이 안 좋지?"
- 기저귀를 갈 때, "새 기저귀를 하니 뽀송뽀송하구나. 기분이 좋지?"

하며, 긍정적인 언어로 아이와 상호작용을 해야 한다.

또한 아이와 상호작용하며 하지 않아야 할 말이 있다.

"옷에다 오줌 싸면 어떡해, 아직도 오줌 싸니?"
"미리 말하라고 몇 번 했는데 또 그래."
"옷에다 오줌 누면 안 돼."
"오줌 나오기 전에 반드시 얘기해라. 알았지?"

등은 부정적 영향을 미치는 상호작용이다.

영아는 용변의 의사가 있을 때 표정이 바뀌거나 얼굴이 발개진다. 성기를 움켜쥐고 다리를 꼬거나 쪼그리고 앉는 등의 행동 특성을 보이기도 한다. 배변훈련 과정에서 성공할 때도 있지만 실수도 하고 좌절도 한다. 하지만 이를 극복하고 성공해 변기에 앉아 용변을 보게 되면 신뢰감과 자율성이 형성된다. 이와 더불어 부모의 긍정적 상호작용은 아이의 자존감을 높여 준다. 이러한 성공 과정은 이후 다른 발달에도 긍정적인 영향을 미칠 수 있기에 배변훈련의 중요성이 강조되고 있다.

제4장

가정과 어린이집, 연계가 필요해요

1. 양육자가 바뀐다는 것을 알려 주어요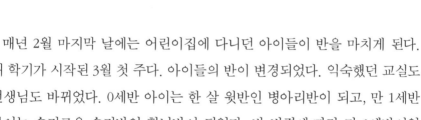

　매년 2월 마지막 날에는 어린이집에 다니던 아이들이 반을 마치게 된다. 새 학기가 시작된 3월 첫 주다. 아이들의 반이 변경되었다. 익숙했던 교실도 선생님도 바뀌었다. 0세반 아이는 한 살 윗반인 병아리반이 되고, 만 1세반 아이는 슬기로운 슬기반인 형님반이 되었다. 반 변경에 따라 만 1세반이었던 빈이도 그랬다. 반 변경이 되었어도 배변 습관은 한 살 어린 반에 있었던 지난달과 별반 차이가 없다. 다른 아이에 비해 비교적 기저귀를 빨리 뗀 빈이지만 배변 습관 형성을 위해 여전히 선생님의 도움이 필요했다.

　만약 빈이가 배변훈련 과정에 있었다면 양육자가 바뀐 것에 매우 민감할지도 모른다. 어린이집에서 배변훈련 시기의 아이들로 구성된 만 1세반 교실을 두 반이 함께 쓸 때가 있다. 이는 같은 공간에 두 선생님이 아이들을 돌

보고 있는 경우다. 담임 선생님이 아닌 다른 선생님이 가끔은 담임 선생님 대신에 쉬를 시키고 기저귀를 갈아 주어야 할 때가 있다. 아이는 담임 선생님이 아니면 기저귀 가는 것을 거부한다. 쉬를 시켜야 할 경우도 마찬가지다. 심하면 아예 자기 옷을 만지지도 못하게 한다. 도와주려고 하는 손을 뿌리치기도 한다. 한 교실에서 매일 얼굴을 보며 놀이를 같이하는데도 말이다.

이러한 상황은 가정에서도 경험할 수 있는 일일 것이다. 엄마(아빠)하고 지내던 아이가 할머니나 고모, 이모, 아이 돌보미 등 제2 양육자와 만나는 경우이다. 이때는 아이가 이해할 수 있도록 양육자가 바뀌었음을 먼저 얘기해 주어야 한다. 성인의 생각에 초점을 맞추기보다는 아이의 환경을 이해할 필요가 있다.

아침 등원을 위해 〈병아리 떼 종종종〉 노래가 떠오르는 승합차를 운전할 때였다. 뒷좌석에 앉아 있던 차량 동승자인 선생님과 빈이가 대화를 나눴다. 선생님은 지난해 빈이가 만 1세반이었을 때 담임이다. 지난주 아이들과 이야기를 나누면서 이제 슬기반이 되면 슬기반 선생님께 "쉬" 해야 한다고 얘기하는 거라고 얘기를 했었단다.

"빈아, 쉬하고 싶으면 누구한테 얘기해야 할까?"

아직 발음이 정확하지 않은 빈이가 말했다.

"스기반 선새님이에요."
"그래, 이제 슬기반이 되었으니 슬기반 선생님께 얘기하는 거예요."

"선생님은 동생 반 아이들과 지내야 하거든."

이렇게 대화를 나누던 중 어린이집에 도착했다. 어린이집 현관문을 열고 들어서니 슬기반 선생님이 출근해 있었다.

"빈아, 오늘부터는 내가 빈이 선생님이야."

빈이를 맞이한 선생님은 선생님이 바뀌었다고 말하며 빈이와 인사를 나눴다.

아이가 등원해서 사물함에 가방을 넣을 때도 이전 교실로 가려고 했다. 빈이만이 아니었다. 현이도 슬이도 화장실을 다녀온 후, 손 씻기를 하고 익숙해진 교실로 향했다. 이뿐만 아니라 유희실에서 자유 놀이 시간에 놀다가 화장실에 가고 싶다는 표현 신호를 이전 선생님께 하는 아이도 있었다.

배변훈련은 영아 스스로가 용변의 욕구를 느끼고 판단하는 상태가 되어야 한다. 화장실에서 스스로 옷을 내리고 용변을 볼 수 있는 등 준비되었을 때 시작해야 한다는 것이다. 이러한 준비가 중요하듯 양육자가 바뀌었을 때 아이가 바뀐 환경을 이해하고 긍정적인 상황에서 배변훈련할 수 있도록 도와주어야 한다.

2. 실내외 환경 변화를 알려 주어요

밤에 기침을 했다는 연이는 어린이집에 등원하기 전에 인근에 있는 병원에 다녀왔다. 연이 어머니께서는 한 손에 약봉지를 들고 다른 쪽 팔에는 초록색 바탕에 노란색이 섞인 어린이집 가방을 끼고 현관문을 여셨다. 엄마 옆에 찜찜한 표정과 엉거주춤한 모습으로 연이가 서 있었다.

"선생님, 우리 연이가 응가를 했어요."

자유 놀이가 한참 진행 중인 때라 아이들 소리가 섞여 어머니가 한 말씀을 잘 알아듣지 못하고 여쭤보았다.

"연이 어머니, 뭐라고 말씀하셨어요?"
"우리 아이가 응가를 했어요. 병원에서 오는 길에 응가를 했네요."

연이 어머니 목소리에 미안함이 섞인 듯했다.

"괜찮아요. 바로 씻겨 줄게요."

하며, 병아리반 선생님은 연이를 바로 화장실로 데리고 갔다.

선생님은 연이의 웃옷을 위로 돌돌 말았다. 옷이 흘러내려 기저귀를 풀거나 씻길 때 젖지 않도록 화장실 수건걸이 옆에 꽂아 둔 발 모양의 파란색 집게를 꽂아 고정했다.

"연이가 급했나 보구나."
"음~ 우리 연이 똥에서 냄새가 나네."

연이 몸에서 기저귀를 분리해 화장실에 비치된 비닐봉지 하나를 톡 뜯어 기저귀를 담았다. 뚜껑 속에 또 하나의 뚜껑이 달려 있고 손을 대지 않고 발로 누르면 뚜껑이 열리는 페달 달린 휴지통에 기저귀를 넣었다.

"아이 따뜻해."

물이 새어 나오는 샤워기에 손을 대고 물을 묻히며 선생님이 얘기했다.

"쏴~ 쏴~ 이제 비누를 묻혀 볼까? 매끌매끌하네."
"야~ 향기가 나네."

선생님은 마른 수건으로 엉덩이를 닦으며,

"연이야, 시원하지? 이제 손을 씻자."

영아에게 배변훈련을 할 때 양육자가 바뀌는 것만큼 중요한 것이 있다. 바로 아이가 접하게 되는 주변 환경이다. 집에 있다가 외출을 하거나 어린이집에 있다가 실외 활동하는 경우를 들 수 있다. 배변훈련을 마쳤다고 하더라도 가정이나 어린이집에서 변을 잘 가리던 아이도 환경이 바뀌게 되면 옷에 실수하는 경우가 있다. 이때 아이가 배변하는 시간을 참고해 외출 전후 배변 의사를 살필 필요가 있다.

간혹 물탱크 청소나 다른 이유로 단수가 되는 경우가 있다. 이러면 평소 배변 후 씻기는 과정에 변화가 생길 수밖에 없다. 이때 아이에게 상황을 설명해 주어 아이가 혼돈을 느끼지 않도록 해야 한다.

"연이야, 오늘은 물이 나오지 않아 씻길 수가 없단다. 물티슈로 닦아 줄게."

전기가 들어오지 않아 정전될 때도 마찬가지다.

"전기가 들어오지 않는구나. 화장실이 깜깜해 물로 닦을 수가 없네. 물티슈로 닦아 줄게."

아이가 배변 후에는 뒤처리를 위생적으로 해야 한다. 뒤처리할 경우 휴지 등으로 충분히 닦고 사용한 휴지와 기저귀는 2차 오염을 방지하기 위해 휴지통에 바로 넣는다. 배변을 실수했을 때 뒤처리는 가능한 한 물로 씻기고 여벌의 옷으로 갈아입힌다. 0~2세 영아의 경우, 기저귀는 항상 기저귀 갈이대나 화장실 등 지정된 공간에서 갈아 주는 것이 좋다. 기저귀를 새것으로 교환할 때는 영아의 엉덩이 부위를 미지근한 물로 닦아 준다. 상황이 여의치 않을 때는 물티슈로 충분하게 닦아 준다.

배변훈련을 할 때는 부모의 일관성 있는 태도가 필요하다. 하지만 불가피

한 경우도 있다. 이때에는 아이에게 상황을 설명을 해 주어 혼돈을 겪지 않도록 해야 한다. 집이 아닌 다른 장소, 평소와 달라진 주변 환경에 관해 얘기를 해 준다면 아이는 점차 상황을 이해하는 힘을 얻게 된다.

3. 배변훈련, 이것이 궁금해요

육아에서 빼놓을 수 없는 것이 아이의 배변훈련일 것이다. 특히 육아 경험이 없는 부모는 배변훈련 시기와 방법에 대해서 궁금해한다. 이러한 내용과 더불어 배변훈련 과정에서 나타나는 다양한 상황에 대해서도 질문을 한다. 어디 그뿐인가. 배변을 다 가렸던 아이가 퇴행 현상으로 옷에 쉬를 하거나 응가를 한다. 밤에 이불에 오줌을 자주 누며 가리지 못하는 아이, 배변 가리기가 늦어지는 아이, 낮에 외출할 경우에는 어떻게 할 것인가? 특히 퇴행 현상이 나타나는 경우는 부모에게 걱정까지 더해진다. 부모가 궁금해하는 주된 내용에 대해 살펴보자.

퇴행 현상이 나타나는 경우, 먼저 왜 그런지 이유를 파악하자

성공적으로 배변훈련을 마친 아이라 하더라도 다시 실수가 일어나는 퇴행이 나타날 수 있다. 아이 스스로 변기를 사용하다가 갑자기 옷에 쉬와 응가를 한다. 이때 부모(제2 양육자)는,

"너 왜 그러니? '쉬'는 변기에 하는 거라고 했지?"

하며 아이를 심하게 꾸짖기도 한다.

퇴행이 발생할 때 중요한 것은 아이를 꾸중하기보다는 퇴행이 발생하는 이유를 파악하는 것이다. 퇴행 현상이 나타나는 경우는 아이 스스로 통제할 수 없는 생리학적 문제, 불순응이나 떼쓰기 행동이 있다. 환경 변화로는 동

생이 태어난 경우, 이사, 집에 있다가 어린이집에 가는 경우, 양육자가 바뀌는 경우 등으로, 이는 아이에게 스트레스가 될 수 있다. 또한 심리적 변화가 생겨 배변에 영향을 받는 경우가 있다. 생리학적인 문제라면 의사의 진료를 받고, 그에 따른 처치를 따르는 것이 중요하다. 방해 행동은 주의 분산으로 배변훈련을 집중하지 못하기 때문에 방해 행동을 감소하는 계획을 세워 서서히 다시 시작하는 것이 좋다.

이러한 심리적인 변화로 아이는 자신의 변에 대한 소유욕이 일시적으로 강해져 퇴행 현상이 나타난다. 이러한 사례는 어린이집 영아의 일상에서도 보게 된다.

만 2세반 현이에게도 동생이 태어난 지 얼마 되지 않았을 때 이러한 현상이 나타났다. 이때 현이의 부모는 아이를 여유로운 마음으로 다독여 주었다. 이후 아이는 바로 안정적인 배변을 하게 되었다.

퇴행 현상이 나타나는 시기에는 배변훈련을 하지 않는 것이 바람직하다. 아이가 정서적으로 안정되면 스스로 배변하기를 시도할 것이다. 아이를 다정하게 다독여 주고, 기다려 주는 여유를 갖자.

🐻 배변훈련이 늦은 경우, 느긋하게 기다려 주자

31개월 된 슬기의 부모는 슬기가 25개월 때 처음 배변훈련을 시도했다. 한 시간 동안 아이를 달래며 변기에 앉혀 쉬 가리기를 시도했는데 제대로 되지 않았다. 한두 번 꾸중하기도 했는데 별로 효과가 없었다. 슬기 부모는 '아이가 아직 준비가 덜 되었나 보다.' 하며 기다렸다. 이후 슬기가 31개월이 되었을 때 팬티를 벗겨 놓았는데, 아이가 놀다가 변기에 앉아 쉬를 했다. 한 번의 성공은 혼자서도 가능하게 한다. 이후 슬기는 스스로 배변을 하게 되었다.

이번 사례는 '배변훈련, 느긋해도 괜찮아요'에서 소개된 수야 이야기다.

우리 어린이집에서 생일이 가장 빠른 아이는 39개월 된 수야. 화장실에 가자고 하면 그 자리에 주저앉으며 매우 싫어했다. 배변훈련 대상 중 개월 수가 가장 많은 아이라서 관심을 더 가졌지만 하기를 거부했다. 부모님도 느긋함을 보여서 아이가 관심을 보이며 신호를 보낼 때까지 기다릴 수밖에 없었다.

40개월이 된 6월 중순이었다. 아이에게,

"쉬해 볼까?"

했더니 고개를 끄덕였다. 그날 이후 아이는 바로 쉬를 가렸다.

아이가 거부 반응을 보이면 늦더라도 느긋하게 아이가 관심을 보일 때까지 기다려 주자.

밤에 대소변 가리기, 방광 용량 조절 및 용량 파악이 필요하다.

야간 훈련은 방광의 발달로 아이가 낮에 실수하는 일이 전혀 없을 때 시작하는 것이 좋다. 미국 뉴욕 면허 심리학자이자 행동분석 전문가인 프랭크 키케로(Cicero, F., 2016)는,

"성공적인 야간 훈련은 방광의 발달 정도와 속옷을 젖지 않은 상태로 유지하려는 동기가 있어야 가능하며, 아이가 낮에 소변을 참는 것이 가능한 기세 정도에 하는 것이 좋다."

라고 한다. 이전 연령의 아이라도 기저귀를 채워서 재우고, 아이가 밤에 대소변을 가리는 것에 관해 관심을 보이면 초저녁에 깨워 배변할 수 있는 기회

를 준다.

밤에 시도하는 배변훈련은 낮보다 쉽지 않다. 곤히 자는 아이를 깨워 쉬를 시키는 것도 여간 번거로운 일이 아니다. 이는 아이뿐 아니라 부모도 어려움이 있어 부모의 인내가 필요하다.

낮에는 잘 가리던 아이가 밤에 자다가 이불에 자주 실례를 할 경우는 어떻게 하면 좋을까? 배변훈련을 마친 연이 어머니께서,

"원장님, 우리 연이 때문에 못 살겠어요. 어제도, 그제도 밤에 자다가 이불에 실수를 해 옷이 흠뻑 젖었어요. 이불이며 침대 커버랑 모두 젖어 빨래한다고 무척 힘들었어요."

라며 걱정스럽게 얘기를 했다. 이처럼 낮에 잘 가리던 아이도 밤에 실례할 경우가 있다. 이때는 잠자기 전에 아이의 방광 크기를 고려해 다량의 액체 섭취는 자제하는 것이 좋다.

키케로가 제시한 아이 방광의 조절 및 방광의 용량을 파악해 보는 것도 좋다. 아이의 방광이 미성숙하면 소변을 저장하지 못하는 경우가 있다. 이때는 양육자의 전략이 필요한데, 방광의 용량과 일치하게 액체를 섭취하게 하는 것이다. 방광의 용량은 나이에 30을 곱한 숫자에 30을 더해 밀리리터의 단위를 붙이면 예측할 수 있다. 밤에 소변을 참을 수 있게 하려면 6시 이후 혹은 잠들기 2시간 전부터는 액체 섭취를 줄인다. 또한 잠들기 전에 화장실에 가서 소변을 보도록 하며, 소변을 마렵게 하는 콜라와 같은 액체는 마시게 하지 않는 것이 좋다.

🔖 낮에 외출할 경우, 여벌 옷과 배변 용품을 준비하자

아이를 데리고 외출하게 되면 난감한 상황이 발생한다. 배변훈련 상황과 외출 시간, 장소에 따라 다소 차이가 있을 것이다. 특히 장거리 대중교통수단을 이용할 때가 더욱 그렇다.

외출하면 아이에게 먼저 환경이 바뀌었음을 얘기해 준다. 우리 집과 다른 상황이라는 것을 미리 얘기해 아이도 준비할 수 있도록 한다.

밖에서 실수하면 여벌 옷과 팬티를 갈아입히지만, 긴장되고 여간 불편한 것이 아니다. 아이는 가정에서보다 더 오줌을 참거나 실수를 거듭하기도 한다. 이때 화는 금물이다. 화를 내며 야단치거나 조바심을 내면 아이는 더욱 위축되고 긴장을 하게 된다. 아이가 실수하면,

"괜찮아. 다음에는 미리 꼭 얘기해 줘."

하며, 차분하고 느긋하게 대처하는 것이 중요하다.

가까운 곳에 화장실이 없는 경우를 대비해 여벌 옷 외에 배변 용품을 준비하는 것도 좋다. 남자아이의 경우 여벌 옷과 플라스틱으로 된 빈 음료수병이나 우유병을 준비하고, 여자아이의 경우 비닐봉지를 준비해 급할 때 이용한다. 또한 승용차를 이용할 경우 이동식 영아 변기를 준비해 이용하면 효과적이다.

4. 가정과 어린이집, 연계가 필요해요

　새 학기 자유 놀이 시간이다. 신입 원아 적응 기간을 보내고 있어 어느 때보다 아이들 소리로 가득하다. 엄마와 블록 놀이를 하며 깔깔깔 웃는 아이도 있고, 엄마가 엉덩이만 들썩해도 토끼 눈을 하며 자지러지게 우는 아이도 있다. 부모가 맞벌이를 하시는 상황이라 할머니와 등원한 아이도 있었다. 미끄럼틀을 오르락내리락하며 즐겁게 놀고 아이는 익숙한 아이처럼 웃으며 논다. 아이와 어른이 어우러진 어린이집에는 웃음 반, 울음 반이 섞인 아이들 소리로 가득하다. 와자지껄한 소리 사이로 전화벨이 울린다. 어린이집 입소 관련 상담 전화다.

　"아이를 어린이집에 보내고 싶은데 자리가 있나요?"
　"네? 죄송하지만 더 크게 말씀해 주시겠어요? 자유 놀이 시간이라 아이들 소리가 커 잘 안 들려서요."

　그러고는 내가 물었다.

　"아이는 몇 개월인가요?, 몇째 아이인가요?"
　"24개월입니다. 우리 아이가 24개월인데 아직 기저귀를 떼지 않았어요. 그래도 어린이집 보낼 수 있나요?"
　"그럼요."

특히 첫 아이 부모에게는 자세히 설명한다.

"먹이고 재우고 배변하는 일 등은 아이의 일상이기 때문에 아이가 배변 훈련을 마치지 않아도 괜찮아요. 당연히 부모처럼 아이를 양육하니 너무 걱정하지 마세요."

라며 구체적으로 설명해 부담을 덜어 준다.

이처럼 부모는 배변훈련 시기 전후와 과정을 거치면서 여러 가지로 부담을 갖는다. 상담한 부모처럼 '어린이집에는 언제쯤 보내야 할까?' '배변훈련 시기는?' '집에서는 잘하는데 어린이집에서는 왜 훈련을 시작하지 않을까?' '좀 기다려도 되는데 어린이집에서는 왜 이렇게 서두르지?' '가정에서도 협조해 달라는 데 정말 너무 힘들다.' 등 다양한 반응을 보인다.

내가 운영하는 블로그에 〈영아 배변훈련, 늦어도 괜찮다〉라는 글을 포스팅했다. 이 글을 보고 배변훈련 단계에 있는 아이 부모가 쓴 글이 있다. 아이 부모는 깊은 고민을 하고 있었다. 내용인즉 이랬다.

> 37개월의 여자 쌍둥이입니다. 배변훈련을 하기 시작한 것이 지난여름부터입니다. 어린이집과 하원 시 할머니께서 계속 훈련시키고 주말에 엄마 아빠는 다시 기저귀를 채우고 있습니다. 현재까지 쉬한다는 소리, 응가한다는 소리 한번 없이 그냥 팬티에 싸고, 또 싸고 나서도 아무 소리 안 하고 놀이합니다. 뭐가 잘못된 걸까요? 시간 맞춰 화장실에 데리고 가도 30분도 안 되어 실수하기를 반복하고, 잘 때 기저귀를 채워 놓고 일어나서 보면 엄청

난 양의 소변을 본 상태이고……. 어찌해야 할까요?? 엄마인 저는 '시기가 되면 다 한다.'라고 생각하며 기저귀를 채우는데, 할머니는 '어린이집에서 훈련시켜 달라.' 했다고 하시네요. 에효;;;

'어떻게 답을 해야 할까…….' 고민이 생겼다. 3일째 되던 날 답글을 적었다.

아이 하나 키우기도 많이 힘든데 맞벌이 가정에서 쌍둥이 육아하시느라 수고 많으시네요. 특히 배변훈련 시기에는 신경이 두 배로 쓰이거든요. 어머님 고민에 조금이나마 도움이 되었으면 하는 마음으로 답글을 적습니다. 제가 여러 아이를 지켜본 경험에 의하면 '지금이 37개월이니 곧 가리지 않을까' 생각됩니다. 우리 자녀와 어린이집에 다닌 아이 중에서 가장 늦게 가린 경우는 39개월 된 아이였어요. 이번 글에서도 읽으셨겠지만 한번 쉬를 하고 나서부터는 늦게 시작했지만 실수하는 사례도 적고 잘 가리더라고요. 아이가 둘째였는데 큰아이도 늦었다면서 '아이가 가릴 때 되면 가리겠지.' 하는 마음이셨습니다. 그래서 우리 어린이집에서 권유는 했지만 기다렸답니다. 대신 어린이집에서 친구들이 배변할 때 "수야, 친구들처럼 쉬해 볼까?"하며 물었고, 싫다고 고개를 저으면 "그래, 다음에 친구들처럼 해 보자."라고 하곤 했었지요. 그러던 어느 날 선생님이 '쉬' 하자고 하니 거부 반응 없이 '쉬'를 해서 어린이집이 떠들썩할 정도로 폭풍 칭찬을 해 주었답니다.

  그럼 몇 가지 제 의견을 적겠습니다. 지금 아이가 37개월이니 특별히 아이 몸에 이상이 없는 한 '날씨가 따뜻해지면 답답해서라도 스스로 벗지 않을까'

생각됩니다. 의사 표현을 잘 하는 상황이라면 배변과 관련한 그림책을 보거나 놀이를 하면서 '쉬' '응가'라는 말을 자주 할 수 있도록 도와주면 표현하는 데 도움이 된답니다. 두 아이를 한꺼번에 하기 어렵다면 '거부하지 않는 아이 먼저 배변훈련을 하는 것은 어떨까'도 생각해 봅니다. 아이는 엄마, 아빠, 형이나 언니, 친구들을 보면서 따라 한답니다. 먼저 한 후 아이가 모델링 하는 것도 하나의 방법일 것 같습니다. 배변훈련을 하기 시작한 것이 지난여름부터이고, 어린이집과 하원 시 할머니께서 계속 훈련을 시키고 계신데 주말에 엄마 아빠가 다시 기저귀를 채우는 것은 일관성이 없어 보입니다. 훈련하다가 다시 기저귀를 사용하면 아이는 혼란스러워할 것이며, 주말에 다시 기저귀를 채우면 아이는 그것을 당연하게 여길 것입니다. 양육자끼리의 일관성이 필요합니다.

　양육자가 여러 명이니 배변훈련을 바로 하든, 기다렸다가 하든 가정과 어린이집과의 충분한 의논이 필요합니다. 그리고 할머니와 어머니와의 소통도 필요하고요. 육아에 도움이 되었으면 좋겠습니다.

　배변훈련을 위해 부모만 고민이 있는 것은 아니다. 교육과정에서 배운다고 하지만 아이를 길러 본 경험이 없는 영아반 초임 교사에게 또한 어려운 과제가 아닐 수 없다. SNS에 올라온 글을 보면서 어린이집에서의 교사 교육, 특히 영아반 교사의 배변훈련 재교육 필요성도 느껴진다.

　다음 사례를 살펴보자. 어린이집에서 가정으로 배변훈련 안내문을 보낸다.

"가정에서도 지도 부탁한다고 적으세요. 배변훈련은 가정 연계가 필요합니다. 가정과 연계해야 효과가 있다고도 적으세요."

라는 말에 초임 교사는 '어떻게 해야 할지' 고민을 한다.

올해 첫 반, 만 1세반을 맡았어요. 배변훈련이 시작될 3월 초를 걱정했는데 드디어 올 게 왔네요. 지난주 휴일에 아이가 종일 변기에서 '쉬' 했다고 얘기하시면서 부모님께서 아이 배변훈련에 대해 어필하셨어요. 그리고 어제 전화해 얘기하시네요.

제가 초임이고 애를 낳은 경험이 없어서 배변훈련을 어찌 해야 할지 모르겠어요. ㅜㅜ 아이는 28개월 남자아이고 소변도 그렇고 대변도 어찌 해야 할지…… 게다가 대변은 진짜 불규칙적이라 어린이집에서 진~ 짜 가끔 하는데 날짜도 시간도 불규칙합니다. 집에서는 기저귀를 아예 벗겨 놓고 신호가 오기 전 아이를 변기에 앉히고 한다는데, 어린이집에서는 신호 오기 전 보이는 행동은 안 보입니다. 가끔 기저귀에 하고 나서 얘기하는 정도거든요. 배변훈련 하시는 방법 아시면 좀 알려 주세요 '가정이랑 연계하면 돼요.'라는 말 말고 구체적으로 알려 주세요. 저 진~~~~~짜 모르겠거든요. ㅜㅠ 너무 스트레스 받네요.

배변훈련을 하려면 가정과 어린이집 간의 연계가 필요하다. 훈련을 시작해도 될 것인지를 살펴본다. 즉, 시기가 적절한지 관찰하고 시작 시기를 함께 결정하는 것이다. 그런 다음 팬티만 입혀 놓을 것인지, 아니면 기저귀를 착용한 상태에서 할 것인지 등의 방법에 대해 의논한다. 그리고 훈련이 시작되었다면 아이가 지내는 장소와 양육자가 다르더라도 한 가지 방법으로 진행한다. 어린이집에서 하는 방법을 가정과 공유하고 협력해 아이가 혼란

스럽지 않도록 한다. 양육자가 일관성과 인내심을 가지고 진행한다면 보다
효과적으로 기저귀를 뗄 수 있을 것이다.

배변훈련, 어린이집-가정과 연계해요

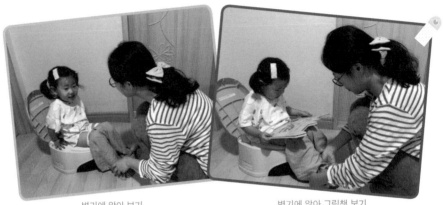

변기에 앉아 보기   변기에 앉아 그림책 보기

그림책 보며 이야기 나누기   혼자서 변기에 앉아 보기

제2부

영아의
배변훈련 놀이
62가지

제 **5** 장

0세 영아의
배변훈련 놀이와
상호작용 11

1 쭉쭉 기저귀 체조하기

 도움이 돼요

- 엄마(아빠)와 함께하는 기저귀 체조를 경험한다.
- 체조를 하며 다리와 엉덩이의 긴장을 해소한다.

준비해요

- 기저귀, 기저귀 갈이 매트

이렇게 해요

1. 영아의 기저귀 상태를 확인하고, 기저귀 매트에서 기저귀 갈이를 한다.
   - 우리 건우 기저귀가 축축해졌구나. 갈아야겠네.
   - 엄마(아빠)가 뽀송뽀송한 새 기저귀로 갈아 줄게.
   - 조금만 기다려 줘.

2. 기저귀를 갈고 난 후 영아의 팔, 다리를 가볍게 주물러 준다.
   - 우리 건우 다리 쭉쭉, 시원하다. 쭉쭉~
   - 팔도 쭉쭉, 시원하다. 쭉쭉~
   - 무릎 쭉쭉, 어깨 쭉쭉~ 아이 시원해~

3. 영아의 반응을 살피며 다리를 들어 발끝을 머리 위로 올리는 동작을 해
   주며 기저귀 체조를 해 준다.
   - 이번에는 엉덩이도 시원하게 다리가 쭈욱~
   - 우와~ 우리 건우 발이 머리에 닿았네.
   - 다시 한번 더 시원하게 쭈욱~~ 아이 시원해~

   주의 및 확장 놀이해요
   - 영아의 팔, 다리를 부드럽게 마사지하듯이 쭉쭉이 체조를 해 주어 관
     절에 무리가 오지 않도록 한다.
   - 영아에 따라 유연한 정도가 다를 수 있기 때문에 무리하게 다리를 들
     어 올리지 않도록 한다.

2 모빌 보고 기저귀 갈기

 도움이 돼요

- 기저귀를 가는 동안 모빌을 보며 매트에 누워 있는다.
- 흔들리는 모빌에 관심을 가지고 바라보거나 잡아 본다.

🐳 준비해요

- 천장에 매달려 있는 모빌, 기저귀, 기저귀 매트, 물티슈

🐙 이렇게해요

1. 배변을 한 영아를 안고 기저귀 매트 위에 눕힌다.
   - 우리 장호가 쉬를 많이 했구나.

2. 교사가 모빌을 만져 움직여 본다.
   - 어~ 이거 뭐야? 여기 모빌이 있구나.
   - (노래를 부르며) 정글 숲을 기어서 가자~ 엉금엉금 기어서 가자~

3. 영아가 움직이는 모빌에 관심을 가지면 만져 볼 수 있도록 한다.
   - 장호도 한번 만져 보자.
   - (모빌을 만지면서) 장호가 만져 주니까 악어가 기분이 좋은가 봐. 춤을 추네.

4. 영아가 모빌에 관심을 보이는 동안 영아의 옷과 기저귀를 벗긴다.

   - 우리 장호, 모빌 보면서 기저귀도 잘 가는구나. 우와! 멋지다.

5. 영아가 모빌을 탐색하도록 안내하며 새 기저귀를 간다.

   - 모빌이 움직이는구나. 사자도 있고, 악어도 있고, 고양이도 있네.
   - 동물 친구들이 춤을 추네. 빙글빙글 돌아가네.
   - 엄마(아빠)가 그동안 기저귀를 다 갈았네~

6. 영아의 머리를 받치고 일으켜 세운 다음 안아 준다.

   - 우리 장호 잘했어요! 우리 장호 최고!

📋 주의 및 확장 놀이해요

   - 기저귀를 갈 때 영아에게 짧은 노래를 반복적으로 불러 주어 집중하게
     하거나 즐거움을 주기도 한다.

3 기저귀가 뽀송뽀송

🦆 도움이 돼요

- 기저귀를 갈고 난 느낌을 지각한다.
- 기저귀를 갈았을 때의 느낌을 표현하는 말을 듣는다.

🐳 준비해요

- 기저귀, 기저귀 매트

🐙 이렇게 해요

1. 영아에게 기저귀를 갈아 줄 때임을 이야기한다.

- 세연이, 기저귀 갈 때가 되었네요. 어디 보자.
- 기저귀가 아이~ 축축해. 기저귀 갈아 줄게요.

2. 영아를 기저귀 갈이대에 데리고 가서 새로운 기저귀를 만져 보게 한다.

- 새 기저귀를 한번 만져 볼까?
- 뽀송뽀송하네. 뽀송뽀송한 새 기저귀.
- 엄마(아빠)랑 같이 갈아 볼까요?

3. 영아에게 새로운 기저귀로 갈아 준 다음 기분에 대해 이야기해 준다.

- 기저귀가 뽀송뽀송 아이 좋아~
- 기저귀가 뽀송뽀송해서 기분이 좋지?

● 아이~ 기분 좋아.

📋 주의 및 확장 놀이해요

● 기저귀 매트에 영아를 혼자 두고 자리를 뜨지 않으며, 필요한 기저귀
  갈이 용품을 기저귀 갈이대 주변에 둔다.

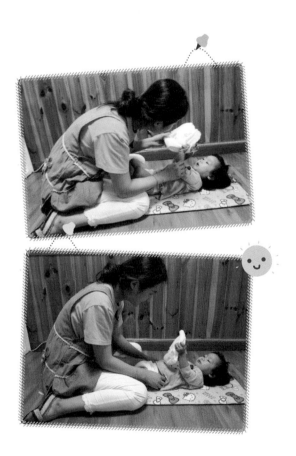

4 기저귀 까꿍 놀이

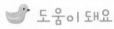 도움이 돼요

● 기저귀 가는 장소를 안다.
● 엄마(아빠) 얼굴이 사라졌다가 나타나는 것을 지각한다.

준비해요

● 기저귀, 기저귀 매트

이렇게 해요

1. 영아를 기저귀 매트에 데리고 간다.

● 건우야, 기저귀 갈 시간이 되었네요.
● 아이 축축해. 엄마(아빠)가 새 기저귀로 갈아 줄게요.
● 기저귀 매트에 가 보자.

2. 영아에게 기저귀를 보여 주면서 까꿍 놀이를 한다.

● 건우야, 이게 새 기저귀란다.
● 엄마(아빠)가 사라졌네. 어디 있을까?
● 까꿍! 엄마(아빠) 여기 있어요.
● 우리 건우 사라졌네. 어디 있을까?
● 까꿍! 우리 건우 여기 있네요.

3. 영아의 기분을 좋게 한 다음 기저귀를 갈아 준다.

● 건우야, 새 기저귀를 하니 기분이 좋지?

● 뽀송뽀송하네. 아이 기분 좋아.

 주의 및 확장 놀이해요

● 기저귀 매트 주변에 필요한 기저귀 갈이 물품을 배치하여 영아 혼자
두지 않도록 한다.

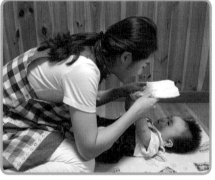

5 기저귀 부채로 시원함 느껴 보기

 도움이 돼요

● 기저귀를 움직이며 부채질을 한다.
● 기저귀를 갈고 깨끗함을 느낀다.

🐋 준비해요

● 기저귀, 기저귀 매트

🐙 이렇게 해요

1. 기저귀로 부채질하며 영아의 관심을 유도한다.

● (영아에게 기저귀로 부채질하며) 슝슝~ 바람이 불어요. 아이 시원해.
● 바람이 세연이 얼굴에 닿으니 기분이 어떨까?
● 우리 세연이도 기저귀로 슝슝~ 바람을 만들어 볼까요?
● 아이 시원해. 세연이가 기저귀로 바람을 만들어 주니 너무 시원하다.

2. 영아를 기저귀 갈이대에 눕히고 새 기저귀로 갈아 준다.

● 기저귀 매트에 가서 누워 볼까요?
● 세연이가 기저귀로 엄마(아빠) 얼굴에 부채질해 줄래요?
● 세연이가 부채질하는 동안 엄마(아빠)가 기저귀를 다 갈았네요.
● 새 기저귀로 갈고 나니 기분이 어때? 뽀송뽀송~ 기분이 좋지?

주의 및 확장 놀이해요

● 기저귀 매트 주변에 필요한 기저귀 갈이 물품을 배치하여 영아 혼자 두지 않도록 한다.

6 내 기저귀 만져 보기

 도움이 돼요

- 기저귀에 관심을 가져 보고 손으로 기저귀를 만져 본다
- 엄마(아빠)가 잡고 있던 기저귀를 전달하며 기저귀 갈이에 참여한다.

🐋 준비해요

- 기저귀, 기저귀 매트

🐙 이렇게해요

1. 영아를 기저귀 매트 위에 눕히고 눈을 마주치며 편안한 분위기를 조성한다.
   - 우리 장호, 엄마(아빠)랑 기저귀 갈이 할까?

2. 기저귀 갈이를 위해 영아와 이야기하며 기저귀 갈이를 준비한다.
   - 우리 장호가 쉬를 많이 했구나.
   - 뽀송뽀송 기저귀로 갈아 줄게.

3. 기저귀를 가는 동안 자신의 기저귀를 잡고 영아와 함께 기저귀 갈이를 경험한다.
   - 여기 장호 기저귀가 있네.

● 장호가 잡아 볼까?

● 예쁜 그림도 있고, 어? 구멍도 있네? 까꿍~!

4. 영아가 들고 있던 기저귀를 엄마(아빠)에게 준다.

● 장호가 기저귀 엄마(아빠)한테 줄 수 있어?

● 네, 고맙습니다. 뽀송뽀송한 기저귀로 갈아 줄게요.

주의 및 확장 놀이해요

● 영아가 충분히 탐색할 수 있도록 기다려 주고 교사가 적절히 도움을 줄 수 있다.

● 다른 영아의 기저귀 구분이 가능할 경우, 기저귀 가는 시간에 친구 기저귀를 교사에게 가져다주는 활동으로 확장할 수 있다.

7 **손목 딸랑이 하고 기저귀 갈기**

 도움이 돼요

- 기저귀를 가는 동안 매트에 편안히 누워 있는다.
- 손목 딸랑이를 움직여 소리를 내어 본다.

🐋 준비해요

- 기저귀, 기저귀 매트, 손목 딸랑이

🐙 이렇게 해요

1. 영아의 손목에 영아가 좋아하는 딸랑이를 채워 준 후 기저귀 매트에 영
   아를 눕히고 기저귀를 갈 것임을 이야기해 준다.
   - 우리 건우가 쉬를 많이 했구나. 많이 축축하겠구나.
   - 엄마(아빠)가 깨끗하고 뽀송한 기저귀로 갈아 줄게~

2. 기저귀를 가는 동안 영아가 손목 딸랑이를 탐색하도록 도와준다.
   - 우리 건우 손목에 딸랑이를 찼구나.
   - 딸랑딸랑~ 방울 소리가 나는구나.
   - 딸랑딸랑~ 잘도 흔드네.
   - (노래를 부르며) 곰 세 마리가 한집에 있어♬~ 아빠 곰 엄마 곰♪~

3. 영아의 팔고 다리를 부드럽게 마사지해 준다.

- 우리 건우가 딸랑이 소리를 듣는 동안 뽀송뽀송한 기저귀로 갈았네.
- 엄마(아빠)가 우리 건우 다리를 쭉쭉~ 만져 주니만 쑥쑥 크겠네.
- 다리도 쑥쑥~ 팔도 쑥쑥~ 우리 건우도 쑥쑥~

 주의 및 확장 놀이해요

- 기저귀 갈이 도중 영아가 몸을 뒤집거나 거부할 때 손목 딸랑이 외에 영아의 흥미를 끌 수 있는 가볍고 부드러운 재질의 놀잇감을 준비한다.
- 영아가 손목 딸랑이를 빨 수 있으므로 소독하여 준비한다.

8 기저귀 가는 곳으로 가 보기

 도움이 돼요

- 기저귀 갈이를 하는 장소에 관심을 가진다.
- 하루 일과에 편안하게 참여한다.

준비해요

- 기저귀 갈이 영역

이렇게 해요

1. 일과 중 영아의 기저귀를 살펴보고, 영아가 배변을 했을 때 즉각적으로 반응해 준다.
   - 건우가 기저귀에 쉬를 많이 했네.
   - 너무 축축하겠다. 선생님이 깨끗하게 기저귀 갈아 줄게.

2. 교사는 영아를 안고 기저귀 갈이 영역으로 간다.
   - (기저귀 갈이 영역을 보여 주며) 여기가 기저귀 갈이를 하는 곳이지?
   - 여기에 누워 보자. 선생님이 새 기저귀로 갈아 줄게.

3. 기저귀 갈이 영역에서 새 기저귀를 갈아 주며 느낌을 표현해 준다.
   - 새 기저귀로 갈자~ 우리 건우 응가했네요.

● (대변을 보았을 경우) 건우야, 엉덩이를 깨끗하게 씻어 줄게.

● 건우 엉덩이가 깨끗해졌구나.

● 아이 기분 좋아~ 기분이 참 좋아 보이는구나.

 주의 및 확장 놀이해요

● 기저귀 갈이 영역에 관심을 가지고 기저귀 갈이를 경험할 수 있도록 반복적으로 상호작용을 나눈다.

● 영아의 작은 반응(몸짓, 표정, 발성 등)에 교사가 긍정적인 격려를 해 준다.

9 거울에 비친 내 모습 보기

 도움이 돼요

● 기저귀 갈이를 하는 나의 모습에 관심을 가진다.
● 거울을 보며 나를 인식하고 구별한다.

🐋 준비해요

● 기저귀, 기저귀 매트, 안전거울

🐙 이렇게 해요

1. 영아가 배변을 하면 기저귀 갈이 영역으로 가서 기저귀 갈이 준비를 한다.
   ● 우리 창호가 쉬를 했구나. 기저귀가 많이 축축하겠다.
   ● 엄마(아빠)가 기저귀를 갈아 줄게. 여기 누워 볼까?

2. 영아가 기저귀 갈이 매트 위에 누우면 안전거울에 비친 영아의 얼굴을 볼 수 있도록 한다.
   ● (거울을 보여 주며) 짠~ 이게 뭘까? 거울 속에 창호가 보이네?
   ● 엄마(아빠)가 기저귀를 갈아 주는 동안 우리 창호는 거울을 볼까?

3. 기저귀를 교체하고 마사지를 해 주며 기분이 좋아진 얼굴을 거울로 보도록 돕는다.

- 쭉쭉~ 아이 기분 좋아라.
- 뽀송뽀송해지니 기분이 참 좋구나.
- 거울 속의 장호도 방긋 웃고 있네.

🍼 주의 및 확장 놀이해요

- 영아가 들 수 있는 작은 안전거울 이외에도 기저귀 갈이 영역 벽면에 큰 안전거울을 부착하여 활동할 수 있다.

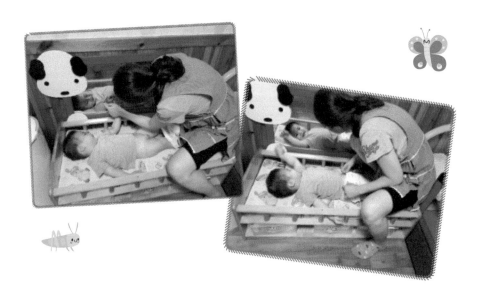

0세

10 엄마(아빠)와 눈 맞춤하며 기저귀 갈기

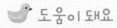

🦆 **도움이 돼요**

- 편안하게 배변 활동을 하고 엄마(아빠)와의 기저귀 갈기를 경험한다.
- 엄마(아빠)와 눈을 맞추며 친밀해진다

🐋 **준비해요**

- 기저귀, 기저귀 매트, 물티슈

🐙 **이렇게 해요**

1. 영아의 기저귀를 수시로 확인하며 기저귀를 갈아야 할 때 배변에 대해 긍정적인 언어로 상호작용한다.

- 건우가 쉬를 했구나! 참 잘했네. 엄마(아빠)가 기저귀를 갈아 줄게.

2. 영아를 기저귀 갈이 영역에 눕힌 뒤 엄마(아빠)와 눈을 맞추며 상호작용을 한다.

- 우리 아가가 얼마나 예쁘게 쉬를 했는지 볼까?

3. 영아의 젖은 기저귀를 빼고, 새로운 기저귀를 교체해 준다.

- 우리 건우, 쉬를 많이 했구나! 축축했지? 엄마(아빠)가 엉덩이를 깨끗하게 닦아 줄게.

● 뽀송뽀송한 기저귀로 갈고 나니 기분이 어때?

● 뽀송뽀송해서 기분이 좋구나!

4. 새 기저귀로 교체한 뒤 배와 다리 등을 가볍게 마사지해 준다.

● 건우야, 엄마(아빠)가 배를 만져 주고 있어. 배 위에 동글동글 동그라미를 그리자.

● 건우야, 이번엔 엄마(아빠)가 다리를 만져 주고 있어.

● 쭉쭉쭉~ 쭉쭉쭉~ 우리 건우 키 커져라.

🗒 주의 및 확장 놀이해요

● 영아의 기저귀를 수시로 점검해 주고, 수유 이후, 낮잠 자기 전에 반드시 기저귀를 갈아 주어야 한다.

● 기저귀 갈이 도중 영아가 몸을 뒤집거나 거부할 때 영아의 흥미를 끌수 있는 가볍고 부드러운 재질의 놀잇감이나 모빌을 준비한다.

0세

11 우리 아가 응가

 도움이 돼요

● 대변을 본 기저귀를 갈고 상쾌함을 느낀다.
● 기저귀를 새것으로 갈아 주는 엄마(아빠)의 손길과 말에 반응한다.

준비해요

● 기저귀, 기저귀 매트, 비누, 수건

이렇게 해요

1. 영아에게 응가를 했는지 물어본다.

● 장호가 응가를 했나 보구나. 냄새가 나네. 아이 냄새~
● 우리 장호 응가했네. 응가 기저귀를 갈아야겠구나.
● 응가해서 불편했겠구나. 아이 찝찝해~

2. 기저귀로 갈아 주면서 기분에 대해 이야기해 준다.

● 장호야, 누워 보자.
● 바지 벗고, 엄마(아빠)랑 같이 엉덩이 씻으러 가자.
● 엄마(아빠)가 우리 장호 엉덩이에 묻은 응가 닦아 줄게.
● 엉덩이를 물로 씻자. 아이 시원해~ 씻으니까 상쾌하지?
● 엉덩이 톡톡톡~ 톡톡톡~ 수건으로 닦았어요.
● 이제 새 기저귀를 차자.

'● 누워 보세요. (기저귀를 채워 준다.)

3. 새 기저귀를 하여 좋은 기분을 표현해 보도록 한다.
- 뽀송뽀송 엉덩이. 뽀송뽀송 새 기저귀.
- 아이 기분 좋아~

 주의 및 확장 놀이해요

- 영아의 대변보는 주기를 파악하여 적절하게 기저귀를 갈아 주도록 한다.
- 대소변이 묻은 기저귀는 비닐봉지에 밀봉하여 냄새나지 않도록 뚜껑이 달히는 기저귀 쓰레기통에 버리도록 한다.

제**6**장

만 1세 영아의
배변훈련 놀이와
상호작용 40

1 기저귀 매트에 누워 기저귀 갈기

🦆 **도움이 돼요**

- 기저귀 갈이 시 새 기저귀를 가지고 있을 수 있다.
- 기저귀 갈이 장소에 관심을 가지고 갈이 장소를 알 수 있다.

🐳 **준비해요**

- 기저귀, 기저귀 갈이대, 물티슈, 소독액, 위생봉투

 이렇게 해요

1. 영아의 기저귀를 수시로 확인하며 기저귀 갈이가 필요한 상황을 파악한다.
   - 우리 정현이가 쉬를 많이 했는지 볼까?
   - 어머? 새 기저귀로 갈아 주어야겠구나.

2. 영아와 기저귀 갈이 영역으로 간다.
   - (기저귀 갈이 영역을 보여 주며) 여기가 기저귀 갈이를 하는 곳이지?
   - 여기에 누워 보자. 엄마(아빠)가 새 기저귀로 갈아 줄게.
   - 정현이가 기저귀를 가지고 누워 볼까? 이쪽에 머리를 두고 누워 볼까?

3. 영아가 가지고 있던 새 기저귀로 갈아 주고, 기분에 대해 이야기해 준다.

- 바지를 벗고~ 축축한 기저귀도 벗자. 시원하지?
- 정현이가 가지고 있던 새 기저귀를 선생님한테 줄까?
- 정현이가 준 새 기저귀로 갈아 줄게. 엉덩이를 들어 볼까?
- 우와~ 뽀송뽀송 기분이 좋구나.

 주의 및 확장 놀이해요

- 기저귀 갈이 영역에 관심을 가지고 기저귀 갈이를 경험할 수 있도록
  반복적으로 상호작용을 한다.
- 젖은 기저귀를 위생봉투에 싸서 영아가 휴지통에 버릴 수 있도록 한다.

2 기저귀 휴지통에 버리기

🐤 도움이 돼요

● 기저귀 갈이를 긍정적으로 경험한다.
● 엄마(아빠)의 도움을 받아 사용한 기저귀를 휴지통에 버린다.

🐋 준비해요

● 기저귀, 물티슈, 매트, 소독액, 위생봉투, 위생용 장갑, 로션, 휴지통

🐙 이렇게 해요

1. 일과 중 영아의 배변 상태를 수시로 확인하여 배변 상태를 점검한다.
   ● 준혁아, 기저귀를 갈 때가 되었네. 어디 볼까?
   ● 쉬를 많이 해서 기저귀가 무거워졌구나.

2. 기저귀 갈이 영역으로 이동하여 기저귀를 갈아 준다.
   ● 준혁이의 기저귀를 찾아서 기저귀 가는 곳으로 갈까?
   ● 엄마가 새 기저귀로 갈아 줄게.

3. 깨끗한 기저귀로 간 다음 몸이 깨끗해짐을 느낄 수 있도록 상호작용을 나눈다.
   ● 뽀송뽀송 새 기저귀를 갈았네요. 준혁이의 기분이 좋아 보이는구나.

4. 영아 스스로 사용한 기저귀를 휴지통에 버릴 수 있도록 격려한다.

- 기저귀를 다 갈았네!
- 엄마와 함께 휴지통에 버리러 갈까?
- 준혁이가 사용했던 기저귀를 휴지통에 쏘옥~ 넣어 줄 수 있을까?
- 준혁이가 혼자서도 휴지통에 버릴 수 있구나.
- 다음에도 준혁이가 휴지통에 버릴 수 있을까?
- 이제 엄마와 손을 씻으러 가 보자.

 주의 및 확장 놀이해요

- 엄마도 기저귀 갈이 전, 후로 손을 씻어 준비할 수 있도록 한다.
- 영아도 기저귀를 휴지통에 버리고 정리하면 손을 씻을 수 있도록 한다.

3 내 기저귀 만져 보기

 도움이 돼요

- 기저귀에 관심을 가진다.
- 기저귀를 만지며 촉감을 탐색한다.

🐳 준비해요

- 영아의 개인 기저귀, 물티슈, 위생용 장갑, 기저귀 매트

🐙 이렇게 해요

1. 영아의 엉덩이를 만지며 기저귀가 젖었는지 본다.

- 다온이 엉덩이에 기저귀가 있네.
- 기저귀가 많이 젖었구나.

2. 기저귀를 만져 보며 촉감과 모양을 살펴보며 다양한 어휘로 표현해 본다.

- 푹신푹신 기저귀가 어디에 있을까?
- 여기 있네. 엄마(아빠)와 같이 만져 보자.
- 보들보들 푹신푹신 우리 다온이 기저귀!
- 기저귀가 어떻게 생겼을까?
- 기저귀에 어떤 그림이 있나 찾아볼까?

주의 및 확장 놀이해요

● 기저귀에 다양한 촉감 재료를 붙여 촉감을 느끼며 탐색할 수 있도록 한다.

4 내 기저귀 서랍 찾아보기

 도움이 돼요

- 자신의 기저귀 서랍장에 관심을 가진다.
- 자신의 기저귀 서랍에서 기저귀를 꺼내거나 정리를 시도한다.

🐳 준비해요

- 기저귀, 기저귀 서랍장(정리함)

🐙 이렇게 해요

1. 기저귀 서랍에 사진을 붙여 놓고 관심을 가질 수 있도록 돕는다.

- 서랍에 사진이 붙어 있네. 서랍에 무엇이 들어 있을까?"
- 손을 다치지 않도록 조심조심 열어 보자.
- 슬기야, 하나 꺼내 볼까?

2. 새 기저귀 탐색 후 쉬나 응가를 하고 난 뒤 사용한다는 것을 말해 준다.

- 기저귀에 있는 그림을 살펴볼까?
- 준혁이가 입고 있는 기저귀랑 같은 모양이네.

3. 꺼낸 기저귀는 다시 넣어서 정리할 수 있도록 한다.

4. 기저귀 갈이를 할 때 영아 스스로 서랍장에서 기저귀를 꺼내 오면 격려한다.

5. 기저귀 갈이 영역에서 기저귀를 갈아 준다.

 주의 및 확장 놀이해요

- 일과 중에도 자연스럽게 영아가 자신의 기저귀 서랍장에서 기저귀를 찾아보며 배변 활동에 대한 긍정적인 호기심과 관심을 가질 수 있도록 상호작용을 나눈다.
- 서랍장을 여닫을 때 영아의 손을 다치지 않도록 주의한다.

5 친구 기저귀 찾아보기

 도움이 돼요

- 내 기저귀와 친구의 기저귀를 구별해 본다.
- 기저귀 갈이를 긍정적으로 경험한다.

준비해요

- 기저귀, 기저귀 서랍장(정리함)

이렇게 해요

1. 자신의 기저귀와 친구의 기저귀를 비교해 보며 탐색해 볼 수 있도록 돕는다.
   - 파란 기저귀가 있네. 누구의 기저귀일까?
   - 슬기의 기저귀는 분홍색이었는데 다르게 생겼네.
   - 파란 기저귀에 곰돌이도 그려져 있네.
   - 정현이가 잘 찾았구나.

2. 일과 중 영아의 배변 상태를 수시로 확인하고 필요하면 기저귀 갈이를 준비해 준다.
   - 다온아, 기저귀를 갈 때가 되었네. 어디 볼까?
   - 기저귀가 축축하게 많이 젖었구나!
   - 엄마(아빠)와 기저귀를 갈러 갈까?

3. 영아가 친구의 기저귀를 찾아 줄 수 있도록 격려한다.

● 정현이가 다온이의 기저귀를 찾아 줄 수 있을까?

● 어떤 기저귀가 다온이 기저귀인지 찾아보자.

● 다온이에게 전해 줄까?

● 우와~ 정현이가 친구의 기저귀를 찾아 주었구나!

 주의 및 확장 놀이해요

● 탐색용 기저귀에는 영아의 얼굴 사진을 부착해 둔다.

● 영아의 기저귀를 갈아 주기 전 너무 오랜 시간 기저귀 탐색을 하지 않 도록 주의한다.

6 기저귀 쌓기

🐤 도움이 돼요

● 기저귀에 관심을 가진다.
● 기저귀를 이용한 쌓기 놀이를 경험한다.

🐳 준비해요

● 기저귀, 비닐

🐙 이렇게 해요

1. 기저귀에 관심을 보이는 영아와 상호작용을 한다.

● 이게 뭐지?
● 도연이가 쉬, 응가할 때 쓰는 기저귀구나.
● 기저귀에 예쁜 곰돌이 그림이 있네.

2. 기저귀를 위로 쌓아 올리는 모습을 보여 주며 영아가 해 볼 수 있도록 격려한다.

● 도연아, 엄마(아빠)가 기저귀 위에 기저귀를 올려서 높이 쌓고 있지.
● 우와~ 엄마(아빠)가 기저귀를 높이 쌓았다.
● 이번엔 도연이가 기저귀를 쌓아 볼까?
● 우와~ 도연이가 쌓은 기저귀도 조금씩 높아지고 있구나.

3. 영아가 기저귀를 자유롭게 쌓으며 놀이할 수 있도록 돕는다.

- 도연이가 높이 쌓은 기저귀가 무너져 버렸네.
- 이번에는 엄마(아빠)와 번갈아 가며 기저귀를 쌓아 볼까?

 주의 및 확장 놀이해요

- 기저귀를 낱개로 둥글게 포장하여 쌓기를 하며 케이크 등을 다양하게 쌓아 본다.

7 "쉬" "응가" 말소리 들어 보기

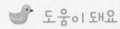

도움이 돼요

- 배변할 때 사용하는 단어를 듣고, 관련된 말에 반응한다.
- 배변 활동에 관심을 두고 배변 의사를 표현한다.

준비해요

- 아기 변기와 아기 인형, 배변 그림책

이렇게 해요

1. 아기 변기를 탐색한다.

- 승수야, 이건 뭘까? 의자처럼 생겼네.
- 여기에 앉아 볼까?

2. 아기 인형과 "쉬" "응가" 놀이를 해 본다.

- 승수야, 아기 인형을 변기에 앉혀 볼까?
- 인형이 쉬를 하려면 어떻게 하면 좋지?
- 바지를 내리고 해야 하는구나. 승수가 도와줄 수 있겠니?
- 엄마(아빠)랑 인형이 쉬~ 할 수 있도록 도와주자.
- 아기 인형이 응가하고 싶어 하는구나. 응~ 응~

3. 아기 인형으로 "쉬" "응가" 놀이를 하며 배변과 관련된 단어를 반복해 듣
   도록 한다.

 주의 및 확장 놀이해요

  ● "쉬" "응가" 놀이를 자연스럽게 진행해 배변 활동에 관심을 가질 수 있
    도록 돕는다.
  ● 용변하려고 하는 영아가 있을 때는 변기에 앉아 시도해 보게 하며, 강
    요하지 말고 기다려 준다.

8 "쉬" "응가" 표현하기

 도움이 돼요

- 배변과 관련된 단어에 관심을 가진다.
- 쉬와 응가를 언어 또는 몸짓으로 표현해 본다.

준비해요

- 기저귀, 물티슈, 매트, 소독액, 위생봉투, 위생용 장갑, 로션, 휴지통

이렇게 해요

1. 영아의 배변 상태를 수시로 확인하며 살펴본다.

- 승수 엉덩이에서 무슨 소리가 나네.
- 뿡~ 방귀 소리구나.
- 승수야, 응가하고 싶어?

2. 영아의 배변 활동을 격려하며 배변과 관련된 어휘를 충분히 들려준다.

- 승수 기저귀가 묵직하네.
- 승수가 쉬를 했구나.
- 쪼르륵~ 쉬가 나왔어?
- 뿡~ 이건 무슨 소리지?
- 승수 엉덩이에서 난 방귀 소리네.

- 승수야, 응가도 해 볼래?
- (영아의 반응을 살피며) 응가는 아직 안 나올 것 같아?
- 응가가 나올 것 같으면 엄마에게 말해 줄래?

3. 기저귀를 갈아 준 후 깨끗이 손을 씻을 수 있도록 한다.

📋 주의 및 확장 놀이해요

- 일과 중 역할 놀이, 동화책 등을 통해 '쉬, 응가'를 표현해 볼 수 있도록 돕는다.
- 일과 중 영아가 대·소변과 관련된 표현을 듣고 따라 하며 배변 활동과 표현에 관심을 가질 수 있도록 돕는다.

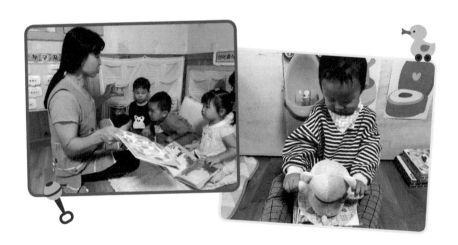

9 응가 모양 길 따라가 아기 변기에 앉아 보기

 도움이 돼요

- 아기 변기가 있는 곳으로 몸을 움직여 아기 변기에 앉는다.
- 아기 변기를 만지며 살펴본다.

🐳 준비해요

- 아기 변기, 색 테이프

🐙 이렇게 해요

1. 영아에게 아기 변기를 보여 준다.

- 하린아, 이게 뭘까?
- 쉬, 응가하는 아기 변기가 있네요.

2. 아기 변기를 만지며 탐색한다.

- 변기 안에 구멍이 있네요.
- 옆에 있는 버튼을 누르니 음악 소리도 나네요.

3. 응가 모양 길을 따라가 아기 변기에 앉아 본다.

- 어! 바닥에 응가 모양 길이 있네요.
- 이 길을 따라가 저기 있는 아기 변기에 앉아 볼까요?

- 하린이가 길을 따라 잘 걸어가는구나.
- 아기 변기에 도착했네요.
- 아기 변기의 동그란 구멍이 있는 곳에 앉아 볼까요?
- 아기 변기에 앉으니 기분이 어때요?
- 하린이가 쉬, 응가가 마려우면 아기 변기에 앉아 보도록 해요.

 주의 및 확장 놀이해요

- 아기 변기에 앉았다가 돌아오는 게임을 해 본다.
- 색깔 테이프로 여러 가지 길을 만들어 변기 있는 곳으로 걸어가 본다.

10 아기 인형 변기에 앉히기

도움이 돼요

- 아기 인형을 변기에 앉히며 "쉬" "응가" 하는 흉내를 낸다.
- 변기에 앉은 경험을 이야기 나눈다.

준비해요

- 블록으로 구성한 아기 변기, 아기 인형

이렇게 해요

1. 블록으로 만든 변기에 아기 인형을 앉히며 영아가 관심을 가지도록 유도한다.
   - 아기 인형이 응가가 마려운가 봐~
   - 그래서 엄마(아빠)가 블록으로 만든 변기에 인형을 앉혀 주었어요.
   - 아기 인형이 끙끙~ 힘을 주네요.

2. 영아가 아기 인형을 블록 변기에 앉혀 보도록 한다.
   - 여기 있는 아기 인형은 쉬가 마려운가 봐요.
   - 민우가 변기에 앉혀 볼까요?
   - 와~ 아기 인형이 변기에 잘 앉았네요.

3. 아기 인형을 변기에 앉히고 쉬하는 흉내를 내어 본다.

- 쉬~ 쉬 힘을 주고 쉬를 해 보도록 해요.
- 쉬~ 쉬가 나왔네. 아기 인형이 변기에 쉬를 잘하네요.
- 응~ 응가가 나왔네. 아기 인형이 변기에 응가를 잘하네요.

 주의 및 확장 놀이해요

- 아기 인형이 응가, 쉬를 하고 난 뒤 물을 내리고 휴지로 엉덩이 닦는 흉내를 내어 본다.
- 이동식 아기 변기에 아기 인형을 앉혀서 놀이해 본다.

11 아기 변기에 앉아 놀이하기

 도움이 돼요

● 아기 변기에 관심을 갖는다.
● 변기에서 배변을 할 수 있음을 안다.

🐋 준비해요

● 아기 똥 모양이 붙어 있는 이동식 변기, 책, 기타 변기 주변에서 가지
고 놀 수 있는 놀잇감

🐙 이렇게 해요

1. 화장실 가까운 곳이나 벽 넓은 공간에 그림 자료를 붙인 이동식 변기를
배치한다.

2. 변기를 보며 대화를 나눈다.

● 어떤 그림이 있는지 살펴볼까?
● 똥 그림이 붙어 있네.
● 여기는 무엇을 하는 곳일까?

3. 변기에 앉아 놀잇감을 가지고 논다.

● (변기를 가리키며) 여기 앉아 보아도 재미있겠다. 꼭 의자처럼 생겼네.

- 도연이가 한번 앉아 볼까?
- 우와~ 아기 변기가 편안한 의자가 되었구나.
- 아기 변기에 앉아서 무엇을 하고 싶어?
- 그림책을 보고 싶구나.

 주의 및 확장 놀이해요

- 인형을 가지고 흉내 내기 놀이를 하며 변기에 관심을 가지도록 한다.
- 변기에 관심을 가질 수 있도록 변기 주변에 영아들이 기저귀 모빌을 붙여 준다.

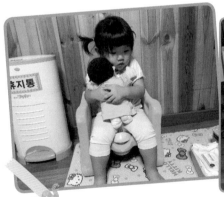 

12 아기 인형 기저귀 채워 주기

 도움이 돼요

- 인형과 기저귀를 가지고 간단한 모방 놀이를 즐긴다.
- 놀이를 하며 쉬, 응가 언어 표현을 시도한다.

🐳 준비해요

- 아기 인형, 기저귀, 아기 변기

🐙 이렇게 해요

1. 아이에게 인형과 기저귀를 주고 관심을 보이는지 관찰한다.

2. 인형과 기저귀에 관심을 보이는 영아와 상호작용을 한다.
- 수현이가 인형으로 놀이를 하고 있구나.
- 인형이 지금 뭐 하고 있니?

3. 인형에게 기저귀 채워 주는 모습을 보이고 영아도 해 볼 수 있도록 격려
   한다.
- 아기 인형이 울고 있네. 왜 울고 있을까?
- 어, 기저귀에 오줌을 싸서 축축하구나.
- 엄마(아빠)가 기저귀를 갈아 줄게.

- 어, 이번에는 아기가 응가를 했네.
- 주현이가 기저귀를 갈아 줄 수 있겠니?

4. 다양한 소품을 이용해 배변과 관련된 놀이를 할 수 있도록 한다.

- 기저귀를 갈아 주었더니 아기 인형이 기분 좋은가 보다.
- 아기 인형이 을기를 보며 웃고 있네.
- 뿡~ 아기 인형이 응가를 하고 싶은가 봐.
- 아기 인형을 변기에 앉혀 볼까?
- 우리 주현이도 인형처럼 변기에 앉아 볼까?

 잠깐만요!

- 부모 주도의 활동이 되지 않게 하며 영아가 주도적인 탐색을 하도록 한다.

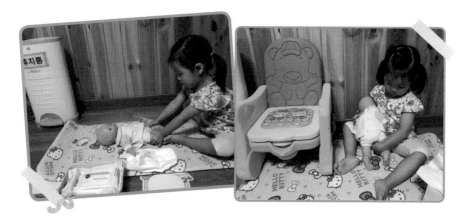

13 변기 그림에 앉아 보기

 도움이 돼요

- 바닥에 있는 변기 그림에 관심을 두고 탐색한다.
- 변기 그림에 앉아서 응가하는 흉내를 내어 본다.

🐳 준비해요

- 변기 모양 그림, 응가 그림, 시트지

🐙 이렇게 해요

1. 바닥에 변기 그림을 붙여 제공한 후 영아가 탐색하는 과정을 관찰한다.

2. 바닥에 붙여진 변기 그림에 관심을 보이는 영아와 상호작용을 한다.
   - 준혁이가 바닥에 붙어 있는 변기 그림을 보고 있구나.
   - 준혁이가 좋아하는 변기 그림을 찾아보자.
   - 그럼 변기 그림 위에 한번 앉아 볼까?
   - 준혁이는 다리를 쭉 뻗고 앉았구나.
   - 이번에는 엄마처럼 쪼그리고 앉아 볼까?

3. 다양한 변기 그림 위에 앉아 보기를 반복하며 놀이를 즐길 수 있도록 한다.
   - 벽에도 변기 그림이 있네.
   - 여기는 오빠와 아빠가 쉬를 하는 소변기 그림이 있구나.

4. 변기 그림에 쉬나 응가하는 모습을 흉내 내어 본다.

 주의 및 확장 놀이해요

● 변기 그림에 응가 그림을 붙여서 영아가 흥미를 보이도록 유도한다.

● 휴지를 제공하여 응가한 후에 뒤처리하는 모습을 흉내 내어 본다.

14 내 변기 꾸미기

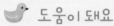

🦆 **도움이 돼요**

● 변기의 생김새에 관심을 가지고 탐색한다.
● 변기 그림을 꾸며서 나만의 변기 만들기를 시도한다.

🐋 **준비해요**

● 변기 모양 종이, 영아 사진, 스티커, 대변 모양 시트지(스티커), 그리기
도구

🐙 **이렇게 해요**

1. 영아에게 변기 그림을 보여 준다.

● 승수야, 이것은 어떤 그림일까요?
● 쉬와 응가를 하는 변기 그림이네요.
● 변기에 뚜껑이 있네요.
● 변기 뚜껑을 열고 닫아 본 적이 있니?

2. 변기를 자유롭게 꾸민다.

● 승수의 변기를 예쁘게 꾸며 볼까요? 무엇으로 해 볼까?
● 승수의 변기에 스티커가 예쁘게 붙였구나.
● 변기에 색칠도 해 볼까요?

● 승수는 어떤 색깔로 색칠하고 싶어요?

3. 완성된 변기 그림에 자신의 사진을 붙여 본다.
   ● 준혁이가 변기를 알록달록하게 꾸며 주었네.
   ● 준혁이 사진을 붙여 볼까?

 주의 및 확장 놀이해요

● 영아의 얼굴 사진 외에 몸도 같이 제작하여 변기에 앉아 있는 것처럼
  만들어 제공해 주면 더욱 흥미롭게 활동할 수 있다.
● 배변훈련을 위해 대변 모양의 갈색 시트지를 붙이고, 아기 인형으로
  배변 놀이를 해 본다.

만1세

15 아기 인형 엉덩이 닦아 주기

🦆 도움이 돼요

- 인형 돌보기를 시도한다.
- 인형의 엉덩이를 닦아 주며 배변에 대한 간접 경험을 해 본다.

🐳 준비해요

- 블록으로 구성한 아기 변기, 아기 인형

🐙 이렇게 해요

1. 아기 인형을 제공해 주고 관심을 보이는 영아와 상호작용을 나눈다.

- 여기 아기 인형이 있네.
- 그런데 아기 인형이 울고 있어요. 왜 울고 있을까?

2. 응가한 아기 인형의 엉덩이를 닦아 볼 수 있도록 돕는다.

- 아기 인형이 응가를 해서 울고 있구나.
- 아기 인형 엉덩이를 닦아 줄 수 있을까?
- 티슈로 엉덩이를 깨끗하게 닦아 줘 보자.
- 와~ 깨끗해졌구나.
- 아기 인형도 이제 울지 않네.
- 민우가 엄마처럼 아기 인형을 잘 돌봐 주고 있구나.

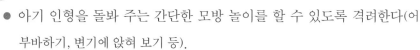

- 아기 인형을 돌봐 주는 간단한 모방 놀이를 할 수 있도록 격려한다(어부바하기, 변기에 앉혀 보기 등).
- 아기 인형 엉덩이를 닦아 줄 티슈는 천으로 잘라서 만들어 둔다.

16 기저귀와 팬티 느낌 느껴 보기

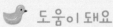

🐤 **도움이 돼요**

- 기저귀와 팬티에 관심을 가진다.
- 기저귀와 팬티를 비교하며 탐색한다.

🐋 **준비해요**

- 기저귀, 팬티, 인형

🐙 **이렇게 해요**

1. 기저귀와 팬티의 느낌을 탐색하며 상호작용을 나눈다.

- (기저귀를 만져 보며) 기저귀의 느낌은 어떠니?
- 보들보들 뽀송뽀송하구나. 그럼 팬티의 느낌은 어떨까?
- 팬티도 기저귀처럼 보들보들하지?
- 근데 기저귀는 바스락바스락 소리가 나는구나.
- 팬티는 아무 소리도 안 나네.
- 팬티는 얇은데 기저귀는 두껍구나.
- 기저귀에도 그림이 있고 팬티에도 그림이 있네.

2. 인형을 이용하여 팬티를 입는 방법에 대해 상호작용을 나눈다.

- 팬티는 어떻게 입어야 할까?
- (인형에게 입혀 주며) 다리를 하나씩, 하나씩 넣어 보자.

● 태성이가 팬티 올리는 것을 도와줄래?
● 와, 아기 인형이 팬티를 입었네.
● 태성이도 아기 인형처럼 팬티를 입어 볼까?

 주의 및 확장 놀이해요

● 영아의 반응에 따라 팬티에 거부감이 적은 경우 입어 볼 수 있도록 돕
  는다.
● 일과 중 기저귀를 갈아 주며 기저귀의 느낌, 팬티의 느낌에 대해 반복
  적으로 이야기를 나눈다.

17 휴지 블록 쌓기

 도움이 돼요

- 휴지 탐색을 시도하며 휴지 블록에 관심을 가진다.
- 소근육을 활용해 휴지 쌓기 놀이를 경험한다.

🐳 준비해요

- 두루마리 화장지

🐙 이렇게해요

1. 휴지 블록을 준비해 영아가 관심을 보이는지 관찰한다.

2. 휴지 블록을 가지고 놀이하는 영아를 보며 아이와 상호작용한다.
    - 하린아, 이게 뭘까?
    - (휴지를 굴리는 영아를 보며) 휴지가 데구루루 굴러가네.
    - 여기에 구멍이 있네.
    - 구멍에 손을 넣어 볼까? 구멍 속에 손이 쏙 들어갔네.

3. 휴지 블록을 위로 쌓고 놀이하도록 돕는다.
    - 여기 휴지 위에 휴지를 올려 볼까?
    - 우와~ 하린이가 휴지를 쌓았구나.
    - 또 하나 올려 볼까?

- 우와~ 하린이 키만큼 높아졌네.
- 무너뜨려 볼까? 와르르 무너졌네.
- 엄마(아빠)와 누가 먼저 쌓는지 시합해 볼까?

 주의 및 확장 놀이해요

- 휴지 블록을 다양한 방법으로 쌓고 길게 늘어뜨려 볼 수 있도록 충분한 수량을 제공한다.
- 놀이 중 휴지가 풀어지면 한두 개의 휴지를 이용해 휴지를 풀고, 감아 보는 놀이로 확장해 본다.
- 휴지 블록 길을 만들어 걸어 본다.

18  **롤 휴지 풀고 감기**

🐤 도움이 돼요

- 휴지를 풀고 감는 것을 경험한다.
- 휴지 놀이를 하며 신체 활동을 경험한다.

🐳 준비해요

- 롤 휴지

🐙 이렇게 해요

1. 휴지의 용도에 대해 알려 준다.

- 이것은 휴지란다.
- 민성아, 휴지는 언제 사용하는 걸까?
- 코도 닦고, 흘린 음식도 닦지.
- 응가도 닦는단다.

2. 휴지를 탐색하며 다양한 놀이를 해 본다.

- 휴지를 바닥에 놓고 손으로 쳐 보게 한다.
- 와, 휴지가 길게 풀어졌네.
- 휴지를 돌돌돌 말아 보자.
- 어, 길었던 휴지가 작아졌네.
- 이번에는 하나씩 길게 놓아 볼까?

● 기차처럼 길구나.

3. 휴지를 풀어 휴지 길을 만든다.

● 민성아, 우리 휴지로 만든 길을 걸어 볼까?

● 이곳은 화장실 가는 길이야.

● 문 옆에 여기 변기가 있네.

● (변기에 앉은 흉내를 내며) 응~응~ 휴지로 응가를 닦아 보자.

 잠깐만요!

● 휴지를 함부로 풀어 버리면 필요할 때 사용할 수 없음을 알려 준다.

휴지 심으로 목걸이 만들기

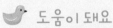

🐤 도움이 돼요

● 휴지 심에 관심을 가진다.

● 휴지 심을 꾸며서 목걸이를 만들어 본다.

🐳 준비해요

● 휴지 심, 끈, 그리기 도구(매직, 사인펜, 크레용 등), 스티커

🐙 이렇게 해요

1. 영아에게 휴지 심을 제공하고 관심을 보이면 이야기를 나눈다.

● 예준이가 가지고 있는 게 뭘까?

● 휴지 심이라고 해! 휴지를 다 쓰고 남은 휴지 심이야.

● 예준이가 응가 닦을 때 사용하는 휴지 안에 들어 있는 휴지 심이야.

2. 휴지 심에 끈을 연결해 목걸이를 만들어 주고 자유롭게 꾸며 보도록 돕는다.

● 예준아! 엄마(아빠)가 목에 걸 수 있도록 끈을 달아 줄게.

● 예준이가 휴지 심에 그림을 그리고 있구나.

● 엄마(아빠)도 예준이처럼 그림을 그려 줘야겠다.

● 별도 그리고 하트도 그려 볼까?

● 예준이도 엄마(아빠)처럼 사인펜으로 그리고 있구나.

- 스티커도 붙여 볼까?
- 짜잔! 목걸이 완성! 예준이 목에 걸어 볼까?
- 예준이가 목에 목걸이를 했구나.

 주의 및 확장 놀이해요

- 다양한 색종이를 붙여서 준비된 휴지 심을 적당한 크기로 준비하여 줄
끼우기를 해 본다.

20 휴지 접어 보기

만1세

 도움이 돼요

- 휴지를 뜯거나 뽑은 후, 접어 본다.
- 휴지를 만져 보며 촉감을 탐색한다.

준비해요

- 두루마리 휴지, 갑 휴지

이렇게 해요

1. 휴지를 제시하여 영아의 관심을 유도한다.

- 이게 뭘까요?
- 동그란 모양의 두루마리 휴지네요.
- 휴지는 무엇을 할 때 사용하나요?
- 휴지를 만져 보니 느낌이 어때요?

2. 휴지를 뜯거나 뽑아 본다.

- 돌돌 말린 휴지를 쓰려면 어떻게 해야 할까요?
- 예준이가 쓸 만큼 휴지를 뜯어 볼까요?
- 상자 안에 담긴 휴지도 있어요. 휴지 한 장을 쏙~ 뽑아 볼까요?

3. 휴지를 다양한 방법으로 접으며 놀이한다.
- 휴지를 반으로 접으면 어떻게 될까요?
- 휴지가 작은 네모가 되었어요. 한 번 더 접어 볼까요?
- 예준이가 접은 휴지는 뾰족한 산 모양의 세모가 되었어요.

🍼 주의 및 확장 놀이해요
- 아기 인형 응가 놀이 시 휴지로 엉덩이 닦아 보기를 한다.

21 티슈 펀치 놀이하기

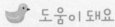

🦆 도움이 돼요

● 티슈를 이용하여 다양한 신체 운동을 시도한다.

● 눈과 손을 협응하여 휴지에 펀치 놀이를 해 본다.

🐋 준비해요

● 티슈(갑 휴지)

🐙 이렇게 해요

1. 영아에게 티슈를 제공하고 상호작용을 한다.

● 여기 네모 모양의 티슈가 있구나.

● 후~ 하고 티슈를 불어 볼까?

● 이제 우리 민성이도 입으로 바람을 잘 부는구나!

2. 엄마(아빠)가 티슈를 양손으로 잡아 주고 영아가 주먹으로 펀치를 해 보
   도록 돕는다.

● 이번에는 주먹을 쥐고 빵! 펀치를 해 볼까?

● 하나, 둘, 셋! 하면 주먹으로 티슈를 쳐 보는 거야.

● 하나, 둘, 셋! 와! 정말 잘했다.

주의 및 확장 놀이해요

● 티슈가 잘 찢어지도록 팽팽히 잡아 주고, 영아가 주먹으로 티슈를 쳐
  서 찢어지지 않더라도 잡아당겨서 찢어지도록 해 준다.

22 티슈에 모양 도장 찍기

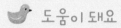 도움이 돼요

- 티슈와 도장을 탐색해 본다.
- 티슈에 도장을 찍으며 미술 경험을 한다.

준비해요

- 티슈, 색깔 스탬프, 다양한 모양의 도장

이렇게 해요

1. 영아와 함께 티슈와 도장을 탐색하며 상호작용을 한다.

- 우성이 들고 있는 게 뭘까?
- 맞아! 티슈야! 콧물도 닦고 응가도 닦을 수 있는 티슈야.
- 우성이는 네모 모양 도장을 가지고 있네.

2. 부모가 티슈에 도장을 찍어 보는 모습을 보여 준다.

- 티슈에 무엇을 하면 좋을까?
- 엄마(아빠)는 토끼 모양 도장을 스탬프에 묻혀 티슈에 찍어 봐야겠다.
- 우성이도 엄마(아빠)처럼 도장을 스탬프에 묻혀 티슈에 찍어 볼까?

3. 영아가 티슈에 도장을 자유롭게 찍어 보며 놀이할 수 있도록 돕는다.

● 어떤 모양의 도장을 찍어 볼까?

● 윤우가 찍은 도장은 별 모양이네.

● 별 모양 말고 이번에는 다른 모양도 찍어 보자~

 주의 및 확장 놀이해요

● 영아가 티슈를 자신의 입, 귀, 콧속 구멍에 넣지 않도록 주의한다.

● 영아가 자유롭게 꾸민 티슈를 제공해 주어 감상해 볼 수 있도록 한다.

23 촉감 휴지로 놀이하기

 도움이 돼요

- 소근육을 조절해 촉감 휴지를 떼었다 붙여 본다.
- 여러 가지 촉감을 경험한다.

준비해요

- 촉감 휴지

이렇게 해요

1. 촉감 휴지를 제공하고 살펴본다.

- 민성아, 민성이가 가지고 있는 게 뭘까?
- 휴지는 무엇을 할 때 사용하나요?
- 민성이도 응가 후 휴지를 사용한 적이 있지요?

2. 촉감 휴지를 만지며 다양한 촉감을 탐색한다.

- 만지고 있는 게 뭘까? 보들보들한 촉감 휴지구나.
- 촉감 휴지는 정말 부드럽네.
- 다른 휴지는 어떤 느낌이 날까요?
- 만져 보니 느낌이 어때요?

3. 촉감 휴지를 뜯고 붙이며 놀이한다.

- 돌돌 말아 있는 휴지를 사용할 때는 어떻게 해야 하나요?
- 휴지를 뜯을 때처럼 촉감 휴지를 쭈욱~ 뜯어 볼까요?
- 뜯은 휴지의 느낌은 어때요?
- 뜯은 휴지를 붙여 다시 길게 이어 볼까요?

 주의 및 확장 놀이해요

- 촉감 휴지는 다양한 재질의 재료(부직포, 천, 수건, 비닐 등)를 휴지 크기
  로 잘라 티슈 갑에 넣어서 뽑아 보기도 할 수 있다.

24 아기 변기에 응가와 쉬 그림 붙였다 떼기

 도움이 돼요

- 응가, 쉬 그림에 관심을 가진다.
- 소근육을 조절하여 사진을 붙이고 떼어 보기를 시도한다.

🐋 준비해요

- 쉬, 응가 그림, 아기 변기, 벨크로 테이프

🐙 이렇게해요

1. 응가와 쉬 그림에 벨크로 테이프를 붙여 제공하고 그림을 탐색하는 영아
   의 모습을 언어로 표현해 준다.
   - 예준이가 그림을 보고 있구나.
   - 어떤 그림들이 있는지 함께 살펴볼까?
   - 쉬하고 응가 그림이 있구나.
   - 쉬하고 응가는 어디에다 해야 할까?

2. 엄마(아빠)가 아기 변기에 응가와 쉬 그림을 붙이며 영아도 해 볼 수 있
   도록 격려한다.
   - 엄마(아빠)가 아기 변기를 가져왔어.
   - 우리가 쉬, 응가가 마려우면 아기 변기에 앉아 쉬, 응가를 하지.

- 여기 있는 쉬, 응가 그림을 아기 변기에 붙여 볼까?
- 우와~ 까슬까슬한 부분이 잘 붙는구나.
- 민성이가 응가 그림을 아기 변기에 붙이는구나.

 주의 및 확장 놀이해요

- 아기 인형과 응가, 쉬 그림을 제공해서 놀이해 볼 수 있다.
- 아기 변기 안에 벨크로 테이프를 붙여 쉬, 응가 그림을 붙여 볼 수 있
  도록 한다.

25 밀가루 반죽으로 응가 놀이하기

 도움이 돼요

- 밀가루 반죽의 촉감을 경험한다.
- 밀가루 반죽한 것으로 응가를 만들어 본다.

🐳 준비해요

- 밀가루 반죽, 아기 인형, 동물 인형

🐙 이렇게 해요

1. 밀가루 반죽을 여러 가지 방법으로 탐색한다.

- 말랑말랑한 밀가루 반죽이구나.
- 엄마(아빠)랑 반죽을 떼어 볼까? 영차~영차~ 와, 떼어졌구나.
- 손으로 쿵쿵 두드려 보자. 손가락을 눌러 구멍을 만들어 볼까?
- 동글동글, 길쭉~ 응가를 만들어 보자.

2. 아기 인형(동물 인형)이 응가하는 흉내를 내어 본다.

- 아기가 응가가 하고 싶은가 보구나.
- 아기 인형(동물 인형)의 엉덩이에서 응가가 나오는 것처럼 하며 끙~ 끙해 본다.
- 와, 아기 인형이 응가를 했네. 동글동글하게 생겼구나.
- 길쭉한 응가도 나왔네.

주의 및 확장 놀이해요

● 영아가 밀가루 반죽을 입에 넣어 먹지 않도록 주의한다.

● 영아가 응가 모양에 관심을 가질 수 있도록 바닥에 응가 모양 그림을 붙이고 흥미를 느낄 수 있도록 한다.

26 동물 먹이 주고 응가시키기

 도움이 돼요

- 구멍에 작은 공을 넣고 뺀다.
- 먹이 주는 흉내를 내어 본다.

🐳 준비해요

- 동물 모양 상자, 작은 공, 음식 모형

🐙 이렇게해요

1. 동물 모양 상자와 공, 음식 모형을 넣고 상자 밑으로 나오는 것을 보여 준다.

- 여기에 동물 모양 상자가 있네.
- 동글동글 공도 있고, 여러 가지 음식이 있어요.
- 다솜이가 사자 입에 공을 쏙~ 밥을 먹여 주세요.
- 냠냠냠~ 사자가 맛있게 먹네.
- 어! 그런데 공이 어디로 갔을까?
- 저게 뭐지? 사자 엉덩이에 뭐가 있지?
- 사자가 응가했나 보다.

2. 동물 모양 상자에 공을 넣고 빼기를 반복한다.

- 다솜이가 사자 입에 음식을 많이 넣었네.

- 곰 엉덩이에서 응가가 나왔는지 볼까?
- 와! 응가가 많이 나왔네.
- 다솜이가 응가를 꺼내 줄 수 있을까?

🍼 주의 및 확장 놀이해요

- 영아에게 친숙한 동물 모양으로 제작하여 흥미를 유발한다.
- 여러가지 음식 모형으로 먹이 주고 응가시키기로 활용할 수 있다.

만1세

27 누구의 응가일까요?

도움이 돼요

- 동물들의 응가 그림에 관심을 가진다.
- 동물들의 응가 그림을 보며 누구의 응가인지 이야기한다.

준비해요

- 동물들의 응가 그림

이렇게 해요

1. 동물들의 응가 그림을 제공하고 영아가 관심을 보이는 영아와 상호작용을 한다.

   - 다온이가 보고 있는 게 뭘까?
   - 응가가 그려져 있구나.
   - 커다란 응가, 동글동글 응가, 작고 길쭉한 응가도 있네.

2. 동물들의 응가 그림을 보며 누구의 응가인지 이야기를 나누어 본다.

   - 다온이가 보고 있는 그림은 강아지가 끙끙~ 응가하는 모습이구나.
   - 여기 토끼도 응가를 하고 있네.
   - 토끼 응가는 어떻게 생겼을까? 동글동글 구슬 똥이구나.

3. 동물들의 응가 그림을 보며 다양한 언어 표현을 시도할 수 있도록 격려
한다.

- 누구 응가가 제일 클까?
- 코끼리 응가가 제일 크구나!
- 토끼 응가는 어떻지?
- 맞아, 아주 작았지!

 주의 및 확장 놀이해요

- 동물들의 응가 그림 전체와 부분 응가 그림 자료를 준비하여 동물 응
가 찾아 주기를 해 본다.

28 내 배변 책 보기

 도움이 돼요

- 자신의 배변 책에 관심을 가진다.
- 배변에 관련된 용어를 모방하여 표현한다.

🐳 준비해요

- 배변 책, 영아의 얼굴 사진

🐙 이렇게 해요

1. 영아의 사진이 붙은 배변 책을 제공한 뒤 관심을 보이는 영아와 상호작용을 한다.
   - 다온아, 엄마(아빠)와 책을 함께 볼까?
   - 무엇을 하고 있을까?
   - 변기에 앉아 쉬를 하고 있구나.

2. 배변 책에 영아의 얼굴 사진을 붙여 본다.
   - 어? 그런데 쉬를 하는 친구 얼굴이 보이지 않네.
   - 여기에 다온이 얼굴 사진을 붙여 볼까?
   - 그림 속에 도연이 얼굴이 보이네.

3. 영아와 함께 자신의 배변 책을 본다.

- 다온이 배변 책을 읽어 볼까?
- (입으로 방귀 소리를 내며) 다온이가 '꾸르륵' 배가 아픈가 봐. 어떡하지?
- (영아가 다음 동화 장면을 넘기면) ○○가 어디에 갔어?
- 변기에 앉아서 응가를 하고 있네.
- 다온이가 응가를 하고 나서 물도 내리고 손도 씻고 있구나.

📋 주의 및 확장 놀이해요

- 자신의 배변 책에 스티커 또는 모양 시트지로 그림책을 꾸민다.

29 빨래 널기

만1세

 도움이 돼요

- 소근육을 사용하여 빨랫줄에 빨래를 넌다.
- 엄마, 아빠의 역할에 관심을 가지고 흉내 낸다.

준비해요

- 빨랫줄, 여러 가지 옷, 빨래집게

이렇게 해요

1. 엄마, 아빠가 빨래한 것을 본 경험에 대해 이야기를 나눈다.

- 옷이 더러워지면 엄마(아빠)가 어떻게 했어요?
- 엄마(아빠)가 어떻게 빨래를 하지요?
- 세탁기로 빨래를 하고 나면 꺼내서 어떻게 하셨나요?

2. 빨랫줄과 여러 가지 옷, 빨래집게를 살펴보며 이야기를 나눈다.

- 여기 길쭉한 것이 있네요.
- 도연이가 입었던 옷도 있고, 팬티도 있어요.
- 또 어떤 옷이 있는지 볼까요?

3. 엄마(아빠) 도움을 받아 빨랫줄에 빨래를 넣어 본다.

● 옷을 빨랫줄에 넣어 볼까요?
● 승수가 어떤 옷을 빨랫줄에 넣어 볼까요?
● 승수가 입었던 팬티가 빨랫줄에 널렸네.

 주의 및 확장 놀이해요

● 빨래를 넣고 나서 빨래집게로 집어 본다.

30 속옷 모양 종이에 끼적이기

도움이 돼요

- 속옷 모양 종이에 관심을 가진다.
- 속옷 모양 종이 위에 끼적이기를 경험한다.

준비해요

- 속옷 모양 도안, 다양한 쓰기 도구(사인펜, 매직, 크레용 등)

이렇게 해요

1. 속옷 모양 종이를 제공하여 영아가 관심을 보이면 상호작용을 한다.

- 민우가 들고 있는 게 뭐야? 알록달록한 빨간색 사인펜을 들고 있구나.
- 민우야! 이게 뭘까? 머리에 쓰는 모자인가?
- 맞아! 팬티네.

2. 엄마(아빠)가 속옷 모양 종이에 끼적이는 모습을 보여 준다.

- 엄마(아빠)는 크레파스로 끼적여 볼까?
- 빨간색 크레파스로 쭉~ 빨간색 줄이 생겼네.
- 이번에는 동글동글~ 큰 동그라미가 그려졌네.

3. 영아가 속옷 모양 종이에 끼적이기 활동을 할 수 있도록 격려한다.

- 민우도 엄마(아빠)처럼 길게 줄을 그었구나.
- 이번에는 콕콕콕 찍어서 점도 만들어졌네~
- 파란색 속옷을 만들고 있구나.
- 열심히 끼적이기를 하였더니 파란색 예쁜 속옷이 되었구나.

 주의 및 확장 놀이해요

- 영아가 쓰기 도구를 입으로 탐색하지 않도록 주의한다.
- 스티커를 붙이며 꾸미기도 해 본다.

31 엄마(아빠)와 함께 변기 물 내려 보기

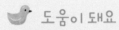

도움이 돼요

- 선생님과 함께 화장실에 가서 변기 물을 내린다.
- 변기의 모양을 살펴본다.

준비해요

- 변기 사용 방법 그림 카드

이렇게 해요

1. 영아와 함께 화장실로 이동한다.
   - 예준아, 엄마(아빠)와 함께 화장실에 가 볼까요?
   - 화장실에는 무엇이 있나요?
   - 세면대도 있고 변기도 있네요.

2. 화장실에 있는 변기를 살펴본다.
   - 화장실에 있는 변기는 어떻게 생겼나요?
   - 동그란 모양에 둥근 구멍이 있어요.
   - 여기에는 버튼이 하나 보이네요.
   - 버튼은 무엇을 하는 것일까요?
   - 변기에 있는 물을 깨끗한 물로 바꿔 주는 버튼이에요.

3. 엄마(아빠)와 함께 변기의 물을 내려 본다.

- 그럼 예준이가 엄마(아빠)와 함께 버튼을 눌러 볼까요?
- 변기에 있는 물이 밑으로 쑤욱 내려가고 있네요.
- 깨끗한 물로 다시 채워졌어요.

 주의 및 확장 놀이해요

- 영아 스스로 변기 물을 내려 보도록 한다.
- 버튼 사용 시 손 끼임에 주의한다.

32 변기 물 내려가는 소리 듣고 흉내 내기

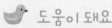

도움이 돼요

- 변기 물 내려가는 소리를 듣고 흉내 내어 말한다.
- 변기 그림을 살펴보며 끼적인다.

준비해요

- 변기 물 내려가는 소리 CD, CD 플레이어, 도화지, 색연필

이렇게 해요

1. 변기 물 내려가는 소리를 들려준다.

- 이게 무슨 소리지요?
- 이 소리를 들어 본 적이 있나요?
- 화장실 변기에서 물 내려가는 소리예요.
- 준혁이도 변기를 사용하고 물 내려 본 적이 있나요?

2. 엄마(아빠)와 함께 변기 물 내려가는 소리를 다양한 언어로 표현해 본다.

- 준혁이는 변기 물이 내려가는 소리가 어떻게 들리나요?
- 변기 물 내려가는 소리를 말로 표현해 볼까요?
- 쏴~아 쏴~아~
- 엄마(아빠)처럼 물 내려가는 소리를 표현해 볼까요?
- 쏴~아 변기물이 소리를 내며 빙글빙글 돌아가고 있어요.

주의 및 확장 놀이해요

43

● 변기 물 내려가는 소리의 느낌을 도화지에 자유롭게 끼적여 표현해 볼
수 있도록 한다.

33 기저귀 안녕! 팬티야 반가워!

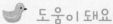

도움이 돼요

- 기저귀와 팬티를 탐색한다.
- 팬티를 입는 방법에 관심을 가진다.

준비해요

- 영아 개인 팬티, 『기저귀 안녕! 팬티야 반가워!』 동화책, 기저귀

이렇게 해요

1. 『기저귀 안녕! 팬티야 반가워!』 동화를 보며 팬티에 관심을 가질 수 있도록 상호작용한다.

- (표지를 보며) 책 제목이 '기저귀 안녕! 팬티야 반가워!'래.
- 하린이도 팬티가 있는데, 책 속 친구들도 팬티를 입고 있네.
- 어떤 내용이 있는지 함께 읽어 볼까?

2. 동화를 읽은 후 자신의 팬티를 찾아볼 수 있도록 격려한다.

- 하린이의 팬티를 찾아볼까?
- 서랍에 팬티가 많이 있네.
- 하린이는 어떤 팬티가 마음에 들어?

3. 영아가 자신의 팬티를 입어 볼 수 있도록 격려한다.

● 하린이는 곰돌이 그림이 있는 팬티가 마음에 드는구나.

● 기저귀를 벗고 팬티를 한번 입어 볼까?

● 기저귀를 벗으니까 어때? 시원하지?

● (책을 보며) 이 친구는 팬티 구멍에 다리를 다 넣어 버렸네.

● 우리 다리를 하나씩 넣어 보자.

● 이제 팬티를 쭉 올려 볼까?

● 팬티를 입고 있으면 기저귀를 입지 않아도 괜찮아.

● 기저귀에게 안녕~ 인사해 볼까?

● 우와! 우리 하린이가 언니처럼 멋진 팬티를 입었네.

● 대신 팬티에 쉬를 하면 많이 축축해지고, 예쁜 팬티를 갈아입어야 해.

● 쉬, 응가가 하고 싶으면 엄마(아빠)에게 말해 줄래?

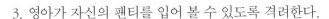 주의 및 확장 놀이해요

● 영아의 배변 표현을 격려하며 아기 변기에 쉬, 응가를 해 볼 수 있도록 돕는다.

34 인형에게 팬티 입혀 보기

 도움이 돼요

- 소근육을 사용하여 인형에게 팬티를 입힌다.
- 기저귀를 대신하여 입는 속옷에 관심을 갖는다.

🐋 준비해요

- 영아용 팬티, 인형

🐙 이렇게 해요

1. 영아와 함께 팬티를 살펴본다.

- 이게 뭘까?
- 팬티구나. 팬티는 어떻게 생겼을까?
- 도연이도 팬티를 입어 본 적이 있나요?
- 팬티는 어떻게 입는 것일까?

2. 엄마(아빠)가 인형에게 팬티 입히는 모습을 보여 준다.

- 인형이 팬티를 입고 있어요.
- 인형이 어떻게 팬티를 입고 있나요?

3. 엄마(아빠)의 도움을 받아 인형에게 팬티를 입혀 본다.

● 도연이도 인형에게 팬티를 입혀 볼까요?

● 팬티에 인형 다리를 하나씩 넣어서 입혀 보자.

● 팬티를 이제 올려 볼까요?

주의 및 확장 놀이해요

● 영아 스스로 팬티를 입혀 보도록 한다.

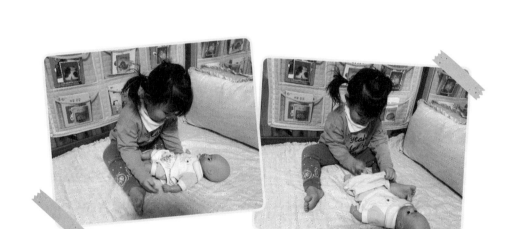

35 팬티 입어 보기

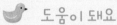

🦆 **도움이 돼요**

- 신체를 조절하여 옷을 입는다.
- 엄마(아빠)의 말을 관심 있게 듣는다.

🐋 **준비해요**

- 영아용 개별 팬티

🐙 **이렇게 해요**

1. 영아가 가진 개별 팬티를 탐색하고 입어 보도록 한다.

- 이게 뭘까?
- 태성이의 팬티에는 무엇이 그려져 있나요?
- 태성이가 좋아하는 곰돌이가 그려져 있구나.
- (영아가 만져 보도록 하며) 팬티는 어떻게 입는 걸까요?
- (영아가 발을 넣을 수 있도록 도와주며) 여기에 발을 넣어 보자. 오른발 쏙 ~ 왼발 쏙~ 발이 나왔네.
- 팬티는 얇은데 기저귀는 두껍구나.
- 기저귀에도 그림이 있고 팬티에도 그림이 있네.

2. 스스로 입는 것을 시도할 수 있는 영아는 할 수 있는 것까지 관찰하여 기다려 주고 필요한 부분에서 엄마(아빠)가 도와준다.

- 태성이가 혼자 발을 넣었구나.
- 태성이, 엄마(아빠) 도움 없이도 혼자서 잘 입었네.
- 허리까지 쑥 올려 볼까요?

 주의 및 확장 놀이해요

- 월령이 낮아 배변훈련 초기 단계의 영아들은 팬티를 기저귀 위에 입을 수 있도록 한다.
- 놀이 소품으로 인형과 일반 팬티나 촉감 팬티를 제공하여 팬티에 대한 흥미를 지속시켜 주도록 한다.
- 영아가 넘어지지 않도록 앉아서 팬티에 발을 넣고 일어날 수 있도록 한다.

 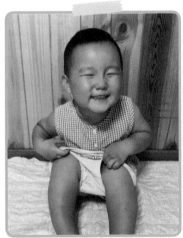

36 집게를 벌려서 팬티 집어 보기

🦆 **도움이 돼요**

- 소근육의 힘을 조절하여 집게를 벌려 본다.
- 집게를 벌린 후에 팬티를 집으며 놀이하는 방법을 인지한다.

🐋 **준비해요**

- 빨래집게, 팬티 그림 자료

🐙 **이렇게해요**

1. 놀잇감을 제시하여 영아의 관심을 이끈다.

- 예준아, 선생님이 어떤 놀잇감을 가지고 왔을까요?
- (놀잇감을 제시하며) 짠! 예쁜 곰돌이 그림이 있는 팬티예요.
- (팬티를 보며) 예준이도 팬티를 입고 있지요.
- (집게를 보며) 손으로 벌려 물건을 집을 수 있는 집게예요.

2. 영아와 함께 집게를 잡고 벌려서 팬티를 집어 본다.

- 다온아, 손으로 집게를 잡고 벌려 볼까요?
- (부모가 팬티를 영아 앞에 보여 주며) 집게 입 사이로 팬티를 넣어 볼까요?

3. 스스로 집게를 벌린 후에 팬티를 집으며 놀이한다.

- 한손엔 집게를 잡고 다른 한손엔 팬티를 잡아 볼까요?

- 집게를 벌려서 손에 있는 팬티를 집어 볼까요?
- 혼자서도 집게를 잘 벌리고 팬티를 집을 수 있구나.

 주의 및 확장 놀이해요

- 집게를 혼자 벌리기 힘들어하는 영아는 부모가 도와주며 놀이를 격려한다.
- 긴 줄에 빨래 널기처럼 집게를 사용하여 팬티를 고정시켜 본다.

37 아기 변기에 쉬, 응가 후 손 씻기

만1세

 도움이 돼요

● 아기 변기에 앉아 배변을 시도한다.
● 배변 후 엄마(아빠)의 도움을 받아 손을 깨끗하게 씻는다.

🐳 준비해요

● 아기 변기, 물티슈, 개인 수건, 물비누, 『뿡뿡 배가 아파』 동화책

🐙 이렇게 해요

1. 동화를 보며 배변과 관련된 의사 표현을 할 수 있도록 돕는다.

2. 아기 변기에 앉아 동화를 보며 배변을 시도해 보도록 격려한다.
   ● (책을 보며) 선생님이 예쁜 아기 변기를 주셨네. 친구가 변기에 앉았구나.
   ● 하린이도 변기에 앉아서 응가를 해 볼까?
   ● 바지랑 기저귀를 쏙 내리고! 끙끙! 힘을 주자! 끙끙
   ● (동화 속 주인공을 가리키며) 친구도 처음엔 응가가 나오지 않아서 속상했대.
   ● 하린이도 친구처럼 한번 더 힘을 줘 볼까?
   ● 방귀가 뽕! 또 나왔네.
   ● 이제 응가가 나오려나 봐.
   ● 조금만 더 힘을 줘 볼까?

3. 아기 변기에 배변 보는 것을 성공하면 충분히 칭찬하며 함께 손을 씻을
   수 있도록 한다.

   - 우와! 우리 하린이가 응가를 했구나.
   - 엉덩이를 깨끗하게 닦아 줄게.
   - 화장실 변기에 응가를 쏙 넣고, 물을 내려 볼까?
   - (변기 물을 내리며) 응가야 잘 가! 안녕!
   - 우와! 응가가 없어졌네.
   - 손에 응가가 묻어 있을 수도 있으니까 엄마(아빠)와 손을 깨끗하게 씻
     어 보자.

   주의 및 확장 놀이해요

   - 영아가 변기에 앉아 있는 것을 힘들어하면 배변 시도를 격려하며 일정
     한 시간을 두고 다시 시도해 볼 수 있도록 한다.
   - 영아가 변기에 앉는 것에 거부 반응을 보이면 억지로 시도하지 않는다.

38 화장실 사진 살펴보기

 도움이 돼요

● 화장실 사진을 살펴본다.
● 화장실에 있는 용품에 관심을 가진다.

준비해요

● 화장실 사진

이렇게 해요

1. 영아와 함께 화장실 사진을 살펴본다.

● 하린이가 보고 있는 사진은 어떤 사진이에요?
● 쉬나 응가를 할 때 사용하는 화장실 사진이네요.

2. 화장실에 가 본 경험을 이야기 나눈다.

● 하린이는 화장실에 가 본 적이 있나요?
● 화장실은 어떨 때 사용하나요?
● 손을 씻거나 양치할 때 사용해요.
● 또 배가 아파 응가할 때, 쉬가 마려워 쉬를 할 때 가는 곳이기도 해요.

3. 화장실에 있는 사물의 용도를 살펴본다.

● 화장실 사진을 보며 무엇이 있는지 살펴볼까요?

- 이것은 무엇일까요?
- 손 씻고 세수하는 세면대네요.
- 이것은 무엇일까요?
- 쉬나 응가를 하는 변기네요.
- 또 무엇이 있나요?
- 응가를 하고 난 뒤 닦는 휴지도 있고, 손을 씻거나 세수를 하고 난 뒤 닦는 수건도 있네요.

주의 및 확장 놀이해요

- 화장실에 있는 사물의 용도를 알아보고 사용해 본 경험을 이야기 나눈다.
- 영아가 사용하게 될 화장실을 직접 살펴본다.

39 영아용 변기에서 소변보기

 도움이 돼요

- 스스로 배변 의사를 표현해 볼 수 있다.
- 화장실 변기의 바른 사용 방법을 알고 스스로 시도해 본다.

🐋 준비해요

- 화장실 변기, 화장지

🐙 이렇게 해요

1. 배변훈련을 하는 영아에게 배변의 느낌이 있는지 확인한다.

- 예준아! 쉬하러 가 볼까?
- 쉬가 아직 안 마려워?
- 쉬랑 응가하고 싶을 때 엄마(아빠)에게 말해 줄래?

2. 영아가 스스로 하의, 속옷을 내리고 변기에 앉아 볼 수 있도록 격려한다.

🧦 여아의 경우

- 변기에 앉아서 쉬해 볼까?
- 엄마(아빠)가 바지 내리는 걸 도와줄까?
- 도연이 혼자서도 속옷을 내릴 수 있구나.
- 발밑까지 바지와 속옷을 내려 보자.
- 변기 커버(뚜껑)에 손이 끼이지 않도록 천천히 앉아 보자.

🧦 남아의 경우

- 예준아, 변기에서 쉬해 볼까?
- 남자 친구들이 사용하는 소변기네.
- 소변기 앞에 서서 바지와 속옷을 내려 볼까?
- 예준이 혼자서 차례차례 잘 내렸구나.
- 소변기에 쉬를 할 때 너무 멀리 서서 쉬를 하면 바지에 묻을 수 있어.
- 소변기와 가까이 서서 쉬를 해 보자.

🍼 주의 및 확장 놀이해요

- 배변훈련을 하는 영아는 스스로 옷을 입고 벗기 쉬운 고무줄 바지 등
  의 편한 옷을 입을 수 있도록 한다.

40 낮잠 자기 전후, 화장실 가기

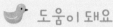

🦆 도움이 돼요

● 화장실에서의 배변을 시도한다.
● 규칙적인 배변 습관을 형성한다.

🐳 준비해요

● 화장실 변기, 화장지

🐙 이렇게 해요

1. 낮잠 자기 전과 후에 배변 의사를 물으며 함께 화장실에 가 보도록 돕는다.

● 도연아, 이제 코~ 잘 시간이네.
● 기저귀에 아직 쉬를 안 했구나.
● 엄마(아빠)와 쉬가 나오는지 화장실에 가 보자.

2. 배변 의사를 밝히지 않은 영아도 변기에 앉아 배변을 시도해 볼 수 있도록 격려한다.

● 도연이는 쉬를 안 하고 싶구나.
● 자다가 쉬를 하면 바지랑 팬티랑 이불에 쉬가 묻을 수 있어.
● 변기에 잠깐만 앉아 볼까?
● 엄마(아빠)가 쉬하는 것을 도와줄게.
● 변기에 혼자서도 잘 앉는구나.

- 쪼르륵쪼르륵 쉬를 해 볼까?
- (배변에 성공한 영아) 우와! 도연이 쉬가 쪼르륵 나왔네.
- 팬티 먼저 쭉 올리고!
- 이번엔 바지를 올려 보자.
- 도연이 혼자 천천히 잘 입는구나.

🗒 주의 및 확장 놀이해요

- 쉬가 나오지 않는 영아를 오랜 시간 변기에 앉아 있게 하지 않도록 주의
  한다.
- 잠들기 전 영아의 배변 의사를 확인하고 쉬하기를 시도해 본다.

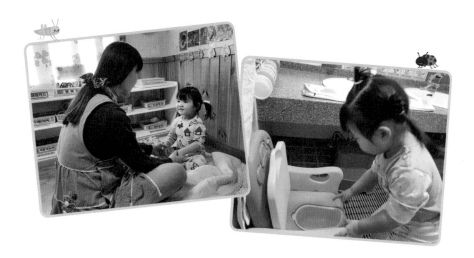

제 7 장

만 2세 영아의
배변훈련 놀이와
상호작용 11

1 배변 후 손 씻기

  도움이 돼요

- 배변 후 손 씻기를 시도한다.
- 바른 손 씻기 방법을 알고 실천한다.

  준비해요

- 수돗물, 물비누, 수건

🐙 이렇게 해요

1. 영아의 배변 활동을 격려한다.

- 주현이가 쉬가 마렵구나.
- 선생님과 같이 쉬하러 갈까?

2. 세면대 앞에 서서 손에 물을 묻힌다.

- 쉬가 손에 묻었을 수도 있으니까 같이 손 씻어 볼까?
- 먼저 손에 물을 묻혀 보자.
- 윤슬이는 손을 잘 씻는구나.

3. 비누를 묻혀 손을 씻는다.

- 비누를 묻히고 거품을 내서 닦아 보자.
- 보글보글 거품이 생겼네.

● 손가락 사이사이도 깨끗하게 닦아 보자.

4. 수건으로 물기를 닦는다.

● 이제 수건으로 물기를 닦아 보자.

● 뽀송뽀송하네!

 주의 및 확장 놀이해요

● 손을 씻을 때 손바닥, 손등 등 꼼꼼히 손을 씻을 수 있도록 한다.

● 영아가 스스로 비누를 묻혀 닦는 것을 보고 있다가, 비누 양을 조절하지 못하거나 거품을 내어 씻지 못하면 교사가 도움을 준다.

2 엄마(아빠) 도움받아 변기에 쉬해 보기

 도움이 돼요

- 배변 의사를 표현한다.
- 도움을 받아 변기에 쉬를 한다.

🐋 준비해요

- 아기 변기

🐙 이렇게해요

1. 일과 중 영아가 화장실 가기를 원할 때 말로 표현하도록 돕는다.
   - 주현아, 쉬 마려워?
   - 화장실 가고 싶을 때 '쉬 마려워요, 화장실 가고 싶어요.'라고 말하면 엄마(아빠)가 도와줄게.
   - 주현이가 쉬가 마렵구나. 엄마(아빠)랑 같이 화장실 가자.

2. 엄마(아빠)의 도움을 받아 변기에 쉬를 할 수 있도록 돕는다.
   - 주현아, 쉬~ 해 볼까?
   - 쉬~

3. 쉬를 마친 후 영아가 '쉬'라고 표현할 수 있도록 한다.
   - '쉬, 다 했어요.'라고 잘 말해 주었어.

● 예쁘게 '쉬'를 잘했구나. 참 잘했어.

4. 엄마(아빠)의 도움을 받아 바지를 올린다.

● 바지를 예쁘게 입어 보자.

5. 변기의 물을 내리며, 영아의 행동을 격려해 준다.

● 변기의 물을 내려 볼까?

● 쉬야, 안녕~

 주의 및 확장 놀이해요

● 남자아이의 경우 지퍼를 올리기 전에 팬티를 먼저 올려 부주의로 성기 끝이 지퍼에 끼지 않도록 주의한다.

스스로 옷 내리고 '쉬' '응가' 하기

 도움이 돼요

- 배변 시 스스로 옷을 내려 본다.
- 스스로 배변을 해 본다.

 준비해요

- 화장실 사용 순서

이렇게 해요

1. 화장실에 있는 물건들을 하나씩 영아에게 보여 주어 관심을 가지게 한
   다.
   - (휴지를 보여 주며) 이것은 무엇일까?
   - 맞아! 화장실에 가면 볼 수 있어. 화장실을 바르게 사용하는 방법
     에 대해 엄마(아빠)와 함께 알아보자.

2. 화장실 사용 순서에 대해 알아본다.
   - 화장실 문은 왜 두드릴까?(사용하는 사람이 있는지 없는지를 알기 위해)
   - 변기를 사용하는 방법에 대해 알아보자.
   - 옷을 내리고, 변기에 앉아야 해.
   - 쉬, 응가를 한 후에 화장지로 닦아야 해.
   - 옷을 바르게 입고, 변기의 물을 내린 뒤 확인하면 끝!

● 변기 사용 후 반드시 해야 할 일은 무엇일까? (손 씻기)

3. 화장실 사용 순서를 회상하며 스스로 옷을 내린 뒤, 화장실을 사용해 본다.

● 주현이가 혼자 옷을 내릴 수 있어?

● 바지에 손을 끼워서 아래로 내려 보자.

● 이번엔 팬티도 내려 볼까?

● 주현이가 스스로 옷을 잘 내렸구나.

● 이제 변기에 앉아 쉬~를 해 보자.

🫙 주의 및 확장 놀이해요

● 응가를 한 후에는 엄마(아빠)의 도움을 받아 닦을 수 있도록 한다.

4 용변 보고 물 내리기

 도움이 돼요

- 변기에서 용변 보기를 시도한다.
- 용변을 보고 물을 내릴 수 있다.

 **준비해요**

- 화장실, 변기

이렇게 해요

1. 일과 중 영아가 화장실 가기를 원할 때 말로 표현하도록 돕는다.

- 효빈아, 쉬 마려워?
- 화장실 가고 싶을 때 '쉬 마려워요, 화장실 가고 싶어요.'라고 말하면 엄마(아빠)가 도와줄게.
- 효빈이가 쉬 마렵구나. 엄마(아빠)랑 같이 화장실 가자.

2. 변기에 바르게 앉아서(변기 가까이 서서) 쉬할 수 있도록 한다.

- 지완아, 변기 뒤쪽까지 쑤~욱 들어가서 앉아 볼까?
- 지완아, 옷이 더 내려와야 편하게 앉을 것 같아.
- 바지를 끝까지 내려야 옷이 젖지 않아~

3. 쉬를 다 한 후에는 옷을 입고 스스로 물을 내려 볼 수 있도록 격려한다.

- 쉬를 다 하고 나서는 어떻게 해야 할까?
- 그래요~ 물을 내려야 되지?
- 효빈이가 물을 내려 볼까? (레버나 버튼을 눌러 물이 나올 수 있도록 한다)
- 응가 안녕~ 쉬 안녕~
- 물이 깨끗해졌는지 볼까?
- 물이 깨끗해졌으면 물을 그만 내리자.

 주의 및 확장 놀이해요

- 버튼이나 레버 작동하기를 힘들어하는 영아는 엄마(아빠)가 함께 해 준다.

5 화장실 순서 기다리기

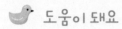 도움이 돼요

- 차례를 지켜야 함을 이해한다.
- 질서를 지켜 화장실(변기, 세면대)을 사용한다.

준비해요

- 화장실 사용 순서도

이렇게해요

1. 일과 중 영아가 화장실 가기를 원할 때 말로 표현하도록 돕는다.

- 화장실에 가고 싶을 때 '쉬 마려워요, 화장실 가고 싶어요.'라고 말하면 엄마(아빠)가 도와줄게.
- 태성이가 쉬 마렵구나. 엄마(아빠)랑 같이 화장실 가자.

2. 차례를 지켜 화장실 변기를 사용할 수 있도록 돕는다.

- 화장실 문을 똑똑 두드려 볼까?
- 안에 (형, 누나, 친구)가 있구나.
- 태성이가 조금만 기다려 줄 수 있겠니?
- 예준이도 서서 차례를 기다려 볼까?

3. 배변이 끝나면 마무리를 하고 차례를 지켜 손을 씻는다.

● 민성이가 쉬를 다했구나.

● 옷을 올리고, 물을 쏴~ 내려 볼까?

● 민성이도 손을 씻어야 하는데, (형, 누나, 친구)가 손을 씻고 있구나.

● 조금만 기다려 볼까?

● 우와, 차례차례 순서를 잘 지키는구나.

 주의 및 확장 놀이해요

● 영아가 질서를 지켜 기다린다는 것은 매우 어려운 것이므로 영아의 행동을 크게 칭찬하며 격려해 준다.

● 영아가 서서 기다릴 수 있는 공간에 발바닥을 붙여 주거나 색 테이프로 동그라미 또는 네모 박스를 그려 주면 보다 행동을 절제해 기다릴 수 있다.

만2세

6 응가한 후에 휴지로 닦아 보기

 도움이 돼요

- 배변과 관련된 의사 표현을 한다.
- 배변 후 휴지를 이용하여 닦아 보기를 시도한다.

준비해요

- 휴지, 물티슈

이렇게 해요

1. 영아에게 쉬나, 응가를 하고 싶은지 물어본다.

- 효빈아, 응가하고 싶니?
- 응가가 하고 싶었구나!
- 응가가 하고 싶을 때는 '응가하고 싶어요.'라고 말해 볼까?

2. 응가를 하고 난 후에 휴지를 사용하는 방법에 대해 알려 준다.

- 응가가 하고 싶었구나. 하고 싶을 때는 꼭 말해 줄래?
- 응가를 다 하면 엄마에게 말해 줄 수 있겠니?
- 우와! 우리 효빈이가 응가를 다 했구나.
- 정말 응가를 많이 했네.
- 응가를 다 했으니까 엄마가 휴지로 닦아 줄게.
- 우와 효빈이의 엉덩이가 깨끗해졌네.

- 효빈이도 휴지로 한번 닦아 볼래?
- 잘 했어. 휴지는 어디에 버릴까?

3. 응가를 한 후에 옷을 스스로 입어 볼 수 있도록 한다.

- 응가를 닦았으니 효빈이가 옷을 입어 볼까?

 주의 및 확장 놀이해요

- 휴지로 엉덩이를 닦는 것이 익숙하지 않은 영아는 처음에는 엉덩이를 닦아 주고 깨끗해진 후에 영아가 닦는 것을 경험하도록 한다.

만2세

7 화장실 가는 길 알아보기

 도움이 돼요

- 응가 그림을 따라서 화장실 가는 길을 알아본다.
- 변기에 앉아 보기를 시도한다.

준비해요

- 응가 모양 그림, 시트지

이렇게 해요

1. 교실 바닥에 붙여진 응가 그림을 영아와 탐색해 본다.
   - 바닥에 무슨 그림이 있지?
   - 응가 그림이 길게 붙어 있네.
   - 응가 그림을 밟으며 천천히 걸어가 볼까?
   - 응가 그림을 따라왔더니 어디가 나왔지?

2. 응가 그림을 따라 걸으며 화장실을 가 본다.
   - 응가 그림들을 한 발 한 발 밟아 보자.
   - 응가 그림을 따라 화장실에 왔더니 변기가 나오네.
   - 변기는 무엇을 하는 곳일까?
   - 이제 쉬나 응가를 기저귀가 아닌 변기에 해 볼까요?
   - 그래, 쉬나 응가가 하고 싶을 때는 엄마와 함께 변기에 오자.

3. 변기를 함께 탐색해 보고 영아가 앉을 수 있도록 도움을 준다.

- 변기에 앉아 볼까?
- 어때, 여기에 쉬를 하면 기분이 좋겠지?

🗒️ 주의 및 확장 놀이해요

- 영아가 흥미를 느끼면서 그림을 따라 걸을 수 있도록 노래를 불러 주
면 도움이 된다.

8 배변 보기 전 스스로 옷 내리고 올려 보기

 도움이 돼요

- 옷을 벗고 입는 순서를 알아본다.
- 스스로 옷을 내리고 배변 보기를 시도한다.

준비해요

- 화장실 사용 순서도

 **이렇게 해요**

1. 영아가 쉬를 하고 싶어 할 때 말로 표현할 수 있도록 도와준다.

- 윤슬아, 쉬 마려워?
- 화장실 가고 싶을 때 '쉬 마려워요. 화장실 가고 싶어요.'라고 말해 볼래?
- 쉬 마렵구나. 엄마랑 같이 화장실에 가 볼까?

2. 영아가 스스로 바지를 벗고 변기에 앉을 수 있도록 격려해 준다.

- 윤슬아, 무슨 옷 먼저 벗는 게 좋을까?
- 바지 먼저 벗고, 그다음에 팬티를 벗으면 되겠지?
- 팬티도 쭉! 내려 보자.

3. 배변을 다 한 영아의 엉덩이를 닦아 준다.

- 응가를 다 하면 '응가 다 했어요.' 하고 말해 줄래?
- 윤슬이가 응가를 다 했구나! 닦아 줄까?

4. 영아가 스스로 옷을 입고 물을 내릴 수 있도록 격려해 준다.

- 어떤 옷부터 입을까?
- 그래 팬티를 먼저 입고 다음에 바지를 입어 보자.

 주의 및 확장 놀이해요

- 스스로 옷을 입고 벗는 것을 힘들어하는 영아에게는 말로 표현해 주면 서 입고 벗는 것을 도와준다.

9 변기 모양이 달라요

 도움이 돼요

- 다양한 변기의 모양에 관심을 가진다.
- 변기를 바르게 사용하는 방법을 안다.

 **준비해요**

- 영아용 남녀 변기

이렇게 해요

1. 영아의 배변 느낌을 수시로 확인해 본다.

- 효빈아, 쉬하고 싶니?
- 효빈아, 쉬하고 싶으면 엄마에게 말해 줘.
- 쉬를 하고 싶구나.
- 엄마와 같이 화장실에 가 볼까?

2. 영아의 배변 상태에 따라 변기를 선택하여 사용할 수 있도록 한다.

- 효빈이는 쉬가 하고 싶구나? 쉬가 하고 싶을 때는 어디에서 해야 할까요?
- 그래~ 서서 쉬를 해 볼까요?
- 응가가 하고 싶구나? 응가가 하고 싶을 때는 어디에서 해야 할까요?
- 그래~ 응가할 수 있는 변기에 앉아야지. 잘했어.

● 효빈이는 변기를 잘 찾는구나.

 주의 및 확장 놀이해요

● 남아와 여아의 변기가 다른 점을 이야기해 준다.

10 변기에 앉아서 힘을 주어 응가하기

 도움이 돼요

- 변기에 앉아 배변 활동을 해 본다.
- 변기에 응가를 하는 경험을 해 본다.

🐳 준비해요

- 변기, 휴지, 물티슈

🐙 이렇게해요

1. 응가가 하고 싶다고 표현하는 영아와 화장실로 이동한다.

- 주현아, 응가가 하고 싶니?
- 엄마(아빠)와 화장실에 가서 응가를 할까요?
- 여기 변기 위에 앉아 볼까요?

2. 영아가 변기에 앉아 응가를 할 수 있도록 돕는다.

- 응가가 하고 싶었구나.
- 응가~ 하고 배에 힘을 줘 볼까?
- 음~ 잘했어, 다시 한번 더 힘을 줘 볼까?
- 와~ 지완이 응가가 나왔구나!
- 배에 힘을 주고 응가~ 했더니 진짜 응가가 나왔네.
- 응가를 하고 나니 기분이 어때?

3. 엄마(아빠)가 휴지와 물티슈를 이용하여 영아의 엉덩이를 닦아 준다.

- 응가를 다 했구나. 깨끗하게 닦아 줄게.
- 휴지로 엉덩이를 닦고, 물티슈로 한번 더 닦아 줄게.

4. 엄마(아빠)와 영아가 함께 손을 깨끗하게 씻는다.

- 엄마(아빠)랑도 손을 깨끗이 씻어 볼까?

 주의 및 확장 놀이해요

- 변기에 앉아서 응가를 하는 영아와 응가 송을 부르며 편안한 마음으로
  변기에 앉아 있을 수 있도록 한다.

만2세

11 "쉬" "응가하고 싶어요" 배변 의사 표현하기

 도움이 돼요

● 변기에서 쉬, 응가를 할 수 있다.
● 배변 의사를 표현할 수 있다.

준비해요

● 변기, 휴지, 물티슈

이렇게해요

1. 영아가 쉬나 응가를 하고 싶을 때 화장실에 가서 변기에 앉을 수 있도록
   도와준다.

   ● 주현아, '응가'가 하고 싶니?
   ● 엄마와 함께 화장실에 가서 변기에 앉아 볼까?

2. 쉬나 응가를 마친 후 영아가 "쉬" "응가"라고 표현할 수 있도록 돕는다.

   ● 효빈아, 응가를 다 했니?
   ● '응가, 다 했어요.' 하고 말해 줄 수 있겠니?"
   ● '응가'를 잘했구나. 예쁘게 말도 잘하네.
   ● 엄마가 깨끗하게 닦아 줄게.

 216 제2부 · 영아의 배변훈련 놀이 62가지

3. 엄마가 도와주어 팬티와 바지를 바르게 입는다.

  ● 옷을 예쁘게 입어 보자.

4. 변기의 물을 내릴 수 있도록 표현해 주고, 영아의 행동을 칭찬해 준다.

  ● 변기의 물을 내려 볼까?
  ● '쉬 안녕~' '응가 안녕~'

5. 엄마의 도움을 받아 손을 깨끗이 씻어 본다.

  ● 손을 깨끗이 씻어 보자.

 주의 및 확장 놀이해요

  ● 변기에 앉아서 응가를 하는 영아와 응가 송을 부르며 편안한 마음으로
    변기에 앉아 있을 수 있도록 한다.

보육 현장 전문가가 알려 주는 배변 육아법

영아 배변훈련 놀이 62**가지** **아가야 음가하자!**

에필로그

아이의 반응이 무지개 색깔일지라도 답은 하나입니다.

영아의 배변훈련은 아이에게나 양육자에게 거스를 수 없는 중요한 과정입니다. 이러한 과정에는 양육자의 훈련 방법 차이와 '빨주노초파남보' 무지개 색깔처럼 다양하게 나타나는 아이의 반응일지라도 빠뜨리지 말아야 할 중요한 것이 있습니다. 그것은 바로 아이와 부모의 조화, 아이를 기다려 주는 느긋함, 어떤 상황이라도 아이를 이해하는 긍정적 수용입니다.

배변훈련 책을 쓰는 동안 필자의 관심은 배가 되었습니다. 다양한 방법으로 관찰이 이루어졌습니다.

타 어린이집 만 2세반에 다니는 연이도 우리 어린이집 아이들과 마찬가지로 배변훈련 과정을 거치고 있었습니다. 연이는 낮에는 기저귀를 사용하지 않고 밤에 잘 때만 사용하고 있었습니다. 퇴근 후 저녁을 준비하던 아이 어머니가 SNS에 올려놓은 글을 보니 어떤 상황일지 가히 짐작이 갔습니다. 기저귀를 차지 않았던 연이는 놀이 중 남자아이처럼 서서 쉬를 했습니다. 온기 있는 액체가 다리를 타고 주르르, 줄줄줄 흘러내리는 소리가 들려오는 듯합니다. 세 자녀를 키우면서, 많은 시간을 어린이집 영아들과 보내면서 이러한 상황을 수없이 보았기 때문입니다. 이럴 때 나타나는 양육자의 태도는 배변훈련을 무지개 색으로 받아들이는 아이들처럼 '빨주노초파남보' 여러 가지 색깔로 나타날 것입니다.

"연아, 서서 쉬하면 어떡해."

씽크대 앞에서 하던 일을 멈추고 엄마가 묻자 연이가 대답합니다.

"그냥 쉬가 나왔어."
"그래 연이가 급했나 보구나."

연이 어머니는 하던 일을 멈추고 연이를 씻겨 줍니다.

아이를 잘 이해하려는 연이 어머니 마음이 전해 옵니다.

부모의 생각과 다르게 아이는 아직 배변훈련이 다 안 되어서 옷에 쉬를 합니다. 훈련을 다 마친 영아라도 놀이에 집중하면 쉬와 응가를 하고 싶어도 화장실에 가지 않고 참는 것을 볼 수 있습니다. 그러다가 참기 어려울 때 화장실에 뛰어가거나 급하게 옷을 내려 달라고 하지요. 옷 내릴 틈도 없이 옷에 배변하는 실수를 저지르게 되어 부모(제2 양육자)의 마음을 언짢게 할 때도 있습니다.

아이는 놀이에 흥미를 느끼며 집중하다가 멈추고 싶지 않아서 그럴 것입니다. 부모(제2 양육자)는 어떤 때 아이가 실수를 하는지 유심히 살펴볼 필요가 있습니다. '놀잇감이 없어지지 않을까?' '화장실에 다녀오면 더 놀 수 없을지 몰라.' 하는 걱정을 하지 않도록 해야 합니다. 부모에게 도움을 청하거나 화장실에 다녀올 수 있도록 아이의 마음을 읽어 주고 이해하는 환경이 필요합니다.

배변 습관을 형성하기 위해 영아는 방광과 괄약근을 조절합니다. 이 과정에서 실수와 좌절을 경험하게 되지요. 불안감과 갈등을 겪으며 불안정한 정서가 나타나지만, 실수를 반복하면서 스스로 자신의 신체 조절력을 기르게 됩니다.

배변훈련은 '우리 아이에게 맞는 때'에 시작해야 합니다. 이처럼 시작하는 시기도 중요하지만 성공과 실수가 반복되는 과정에서 나타나는 아이의 상황을 이해하는 것도 중요합니다. 이 글을 마치며 영아기의 중요한 발달 과제로 간주되는 배변훈련의 중요성이 간과되지 않기를 바라면서, 이 책 『아가야 응가하자!』가 그 길잡이가 되길 희망합니다.

저자 소개

임미정(Im mi-jeong, 교육학 박사)

저자는 1993년 어린이집을 개원한 이래 어린 아이들의 부모 역할을 해 온 영아보육 전문가다. 0세부터 만 2세까지 아이와 호흡하며 지낸 수많은 시간이 있었다. 처음 부모 품을 벗어나 어린이집에 오는 어린아이들에게 "긍정적 경험 환경을 마련해 주어야 한다"는 신념은 부모들의 무한한 사랑과 신뢰를 한 몸에 받게 했다. 이러한 경험의 축적은 영아보육전문가로 인정받게 했으며, 대학에서 후진 양성을 위한 기회도 주어졌다. 전문성 향상을 위한 지속적인 노력으로 창원대학교에서 교육학 박사학위를 받았으며, 2017년에는 보육유공자로 선정되어 대통령 표창을 받았다.

저서로는 2018년 세종도서로 선정된 영아 놀이책 『내 아이랑 뭐하고 놀지?』(2018, 학지사)가 있으며, 공저한 『0.1.2세아 영아보육프로그램』 『SMART 재난 안전 가이드』 『초보 작가의 글 감옥 탈출기』 『치매 예방을 위한 이론과 실제』가 있다.

현재 슬기어린이집을 운영하고 있으며, 한국영유아안전문화연구소 소장, 경남육아종합지원센터 IP위원(정보제공위원)과 안전학습공동체를 이끌고 있다.

E-mail : seulgi5547@hanmail.net

보육 현장 전문가가 알려 주는 배변 육아법

영아 배변훈련 놀이 62가지

아가야 응가하자!

2020년 1월 10일 1판 1쇄 인쇄
2020년 1월 20일 1판 1쇄 발행

지은이 • 임미정
펴낸이 • 김진환
펴낸곳 • ㈜ 학지사

　　　　04031 서울특별시 마포구 양화로 15길 20 마인드월드빌딩
대표전화 • 02)330-5114　　　　팩스 • 02)324-2345
등록번호 • 제313-2006-000265호

홈페이지 • http://www.hakjisa.co.kr
페이스북 • https://www.facebook.com/hakjisabook

ISBN　978-89-997-2018-5　03370

정가　15,000원

이 도서의 국립중앙도서관 출판시도서목록(CIP)은 서지정보유통지
원시스템 홈페이지(http://seoji.nl.go.kr)와 국가자료공동목록시스템
(http://www.nl.go.kr/kolisnet)에서 이용하실 수 있습니다.
(CIP 제어번호: CIP2019053578)

출판 · 교육 · 미디어기업 학지사

간호보건의학출판 학지사메디컬 www.hakjisamd.co.kr
심리검사연구소 인싸이트 www.inpsyt.co.kr
학술논문서비스 뉴논문 www.newnonmun.com
원격교육연수원 카운피아 www.counpia.com